学ぶ人は、
変えて
ゆく人だ。

目《め》の前《まえ》にある問題《もんだい》はもちろん、

人生《じんせい》の問《と》いや、社会《しゃかい》の課題《かだい》を自《みずか》ら見《み》つけ、

挑《いど》み続《つづ》けるために、人《ひと》は学《まな》ぶ。

「学《まな》び」で、少《すこ》しずつ世界《せかい》は変《か》えてゆける。

いつでも、どこでも、誰《だれ》でも、

学《まな》ぶことができる世《よ》の中《なか》へ。

旺文社《おうぶんしゃ》

本書の特長と使い方

◆本書が目指す「漢字検定（漢検）」とは、公益財団法人日本漢字能力検定協会が主催する「日本漢字能力検定」のことです。

◆本書は、７日間で漢字検定２級の試験対策をする書き込み式の直前対策ドリルです。

◆過去の検定試験で実際に出題された漢字を、独自にコンピューターで分析し、よくでる問題を収録しました。出題分野ごとに頻度を分析しましたので、効果的な学習が可能です。頻度の高い漢字は、さまざまな分野で繰り返し収録されています。

◆１～５日目の練習ドリルは、「読み」「部首」「熟語の構成」「四字熟語」「対義語・類義語」「同音・同訓異字」「誤字訂正」「漢字と送りがな」「書き取り」の出題分野別に構成しています。

◆６・７日目には、本番形式の予想問題を収録しています。学習の総仕上げなので、時間をきちんと計って取り組んでください。

◆実際に書き込みながら学習することで、確実な漢字の知識が身につきます。漢字の解答は、楷書体で、はねるところ、とめるところなどを、はっきりと書くように気をつけましょう。

◆２級の合格基準は正答率80％程度です。本書では、各ページに合格点のめやすを表示しました。

もくじ

編集協力　株式会社友人社
校閲　株式会社東京出版サービスセンター
装丁・本文デザイン　前田由美子（有限会社アチワデザイン室）
装丁・本文イラスト　三木謙次

出題内容・出題範囲

内容／級	2級	準2級
漢字の読み	○	○
筆順・画数		
部首・部首名	○	○
熟語の構成	○	○
送り仮名	○	○
対義語・類義語	○	○
四字熟語	○	○
同音・同訓異字	○	○
誤字訂正	○	○
漢字の書取	○	○
対象漢字数	2136字（準２級までの対象漢字1951字＋２級配当漢字185字）	1951字（3級までの対象漢字1623字＋準２級配当漢字328字） ※高等学校で習う読みを含む
レベル	高校卒業・大学・一般程度	高校在学程度
検定時間	60分	60分
検定料	4500円	3500円

●出題対象となる漢字

漢字検定では、それぞれの級に定められた出題範囲があります。それぞれの級で新たに出題対象となる漢字を配当漢字といい、当該級はそれ以下の級の配当漢字も出題範囲に含まれることが原則です。（上表参照。）

●漢字検定の採点基準

◇採点の対象…筆画を正しく、明確に書かれた字を採点の対象とし、くずした字や乱雑に書かれた字は採点の対象外です。

◇字種・字体・読み…2〜10級の解答は、内閣告示「常用漢字表」（平成22年）によります。旧字体での解答は不正解となります。

◇仮名遣い…内閣告示「現代仮名遣い」によります。

◇送り仮名…内閣告示「送り仮名の付け方」によります。

◇部首…『漢検要覧2〜10級対応』（公益財団法人日本漢字能力検定協会発行）収録の「部首一覧表と部首別の常用漢字」によります。

◇筆順…筆順の原則は、文部省（現文部科学省）編『筆順指導の手びき』（昭和33年）によります。常用漢字ごとの筆順については、『漢検要覧2〜10級対応』収録の「常用漢字の筆順一覧」によります。

◇合格基準…2級の合格のめやすは、正答率80％程度です。２００点満点ですから、１６０点以上とれれば合格の可能性大です。

問い合わせ先
公益財団法人日本漢字能力検定協会
本　部　〒605-0074　京都府京都市東山区祇園町南側551番地
TEL 075-757-8600　FAX 075-532-1110
東京事務所　〒108-0023　東京都港区芝浦3丁目17-11　天翔田町ビル6階
URL　https://www.kanken.or.jp/

2級　配当漢字表（185字）

※漢字検定2級で、新たに出題の対象となる配当漢字185字を五十音順に一覧にしました。

ア	イ	ウ	エ	オ	カ	キ	ク	ケ	コ
挨 曖 宛 嵐	畏 萎 椅 彙 咽 淫〔淫〕	唄 鬱	怨 艶	旺 臆 俺	苛 牙〔牙〕 瓦 楷 潰 諧 崖 蓋 骸 柿 顎 葛〔葛〕 釜 鎌 韓 玩	伎 亀 毀 畿 臼 嗅〔嗅〕 巾 僅〔僅〕 錦	惧〔惧〕 串 窟	詣 憬 稽〔稽〕 隙 桁 拳 鍵 舷	股 虎 錮 勾 梗 喉 乞 傲 駒 頃 痕

サ	シ	ス	セ	ソ	タ	チ	ツ
沙 挫 采 塞 柵 刹 拶 斬	恣 摯 餌〔餌〕 叱 嫉 腫 呪 袖 羞 蹴 憧 拭 尻 芯 腎	須 裾	凄 醒 脊 戚 煎〔煎〕 羨 腺 詮〔詮〕 箋〔箋〕 膳	狙 遡〔遡〕 曽 爽 痩 踪 捉 遜〔遜〕	汰 唾 堆 戴 誰 旦 綻	緻 酎 貼 嘲〔嘲〕 捗〔捗〕	椎 爪 鶴

テ	ト	ナ	ニ	ネ	ハ	ヒ	フ	ヘ	ホ	マ	ミ	メ
諦 溺〔溺〕 塡〔填〕	妬 賭〔賭〕 藤 瞳 頓 貪 丼	那 謎〔謎〕 鍋	匂 虹	捻	罵 剝〔剥〕 箸〔箸〕 氾 汎 斑	眉 膝 肘	訃	蔽〔蔽〕 餅〔餅〕 璧 蔑	哺 蜂 貌 頰〔頬〕 睦 勃	昧 枕	蜜	冥 麺

ヤ	ユ	ヨ	ラ	リ	ル	ロ	ワ
冶 弥 闇	喩〔喩〕 湧	妖 瘍 沃	拉 辣 藍	璃 慄 侶 瞭	瑠	呂 賂 弄 籠 麓	脇

※〔　〕内の字体は例外として正答と認められる漢字です。

※2・3ページの情報は2023年1月現在のものです。内容は変更されることがありますので、詳しくは日本漢字能力検定協会にお問い合わせください。

1日目 練習ドリル

読み

◆次の——線の**漢字の**読みを**ひらがな**で記せ。

解答➡別冊P.2

合格点	得点
19/23	/23

1. 空港で検疫を受ける。
2. 種苗の買い付けに行く。
3. 祭りでそろいの法被を着る。
4. 試験に落ちて自信喪失だ。
5. 母は中庸を得た意見を口にした。
6. 弊社の考えをお伝えします。
7. 煩悩が邪魔をしてふんぎりがつかない。
8. 病気平癒を祈願する。
9. 税金の滞納で督促状が届いた。
10. 戸籍抄本が必要になる。
11. 狭量な人にはついていけない。
12. 了承いただけたら幸甚に存じます。
13. 粉砕処理した竹チップを肥料にする。
14. 聖堂が粛然とそびえ立っていた。
15. 軽侮のまなざしを向けられる。
16. 栄えある優勝に輝く。
17. 彼は急に反旗を翻した。
18. オーガニックコットンの産着を贈る。
19. 小さい子によく懐かれる。
20. ホテルでお神酒を振る舞われた。
21. 併せてご確認ください。
22. 犬が波と戯れていた。
23. 新たな事業を興すことにした。

書き取り

◆次の――線のカタカナを漢字に直せ。

解答➡別冊 P.2

合格点	得点
19/23	/23

□ 1 妹は**ケンオ**感をあらわにした。（　　）

□ 2 先達の**ヨクン**をこうむる店を継ぐ。（　　）

□ 3 オーケストラの**ガクフ**を手配する。（　　）

□ 4 **ドタンバ**で逆転し代表に選ばれる。（　　）

□ 5 判決を不服として即日、**コウソ**した。（　　）

□ 6 テレビの取材を**カイダク**する。（　　）

□ 7 いつになく**ユウベン**に語る。（　　）

□ 8 **ソセキ**を据えて柱を立てる。（　　）

□ 9 持論に**コウデイ**して話が進まない。（　　）

□ 10 夏は**カイキン**シャツに限る。（　　）

□ 11 **ゲンソウ**的な風景だった。（　　）

□ 12 首相**カンテイ**のＨＰを見る。（　　）

□ 13 ネクタイを**シ**めて出掛ける。（　　）

□ 14 **タマシイ**が抜けたようだった。（　　）

□ 15 **ス**れ違いざまに挨拶をする。（　　）

□ 16 **ムネ**上げ式で餅をまく。（　　）

□ 17 父は茶器の**メキ**きをする。（　　）

□ 18 犯罪を**ミズギワ**で防ぐ。（　　）

□ 19 パンにバターを**ヌ**る。（　　）

□ 20 週末にゲレンデへ**スベ**りに行く。（　　）

□ 21 木で熊を**ホ**る。（　　）

□ 22 園児が**サト**ったようなことを言う。（　　）

□ 23 旅館で**ネンゴ**ろなもてなしを受けた。（　　）

四字熟語

◆次の**四字熟語**について、〔問1〕と〔問2〕に答えよ。

合格点	得点
19/23	/23

〔問1〕次の**四字熟語**の（1〜16）にはいる適切な語を後の□の中から選び、**漢字二字**で記せ。

□ア（1）自若（　）
□イ（2）肉林（　）
□ウ 二律（3）（　）
□エ 円転（4）（　）
□オ 会者（5）（　）
□カ（6）休題（　）
□キ 気宇（7）（　）
□ク（8）不抜（　）
□ケ 夏炉（9）（　）
□コ 白砂（10）（　）
□サ（11）奇策（　）
□シ 放歌（12）（　）
□ス（13）実直（　）
□セ 四分（14）（　）
□ソ（15）協同（　）
□タ（16）妥当（　）

かつだつ・かんわ・きんげん・けんにん・こうぎん・ごれつ・しゅち・じょうり・せいしょう・そうだい・たいぜん・とうせん・はいはん・ふへん・みょうけい・わちゅう

〔問2〕次の17〜23の**意味**にあてはまるものを〔問1〕**のア〜タの四字熟語**から**一つ**選び、**記号**を記せ。

□17 困苦に耐え、心がぐらつかないこと。（　）
□18 出会えば必ず別れがあること。（　）
□19 時季はずれで役に立たないもののたとえ。（　）
□20 意表を突く優れたはかりごと。（　）
□21 物事が滞りなく進むさま。（　）
□22 ばらばらで統一を失っているさま。（　）
□23 どっしり構えて動じない様子。（　）

部首

◆次の漢字の**部首**を記せ。

合格点	得点
29/36	/36

例 開（門）

□ 1 磨（　）
□ 2 虜（　）
□ 3 甚（　）
□ 4 褒（　）
□ 5 蛍（　）
□ 6 軟（　）
□ 7 凸（　）

□ 8 殉（　）
□ 9 麻（　）
□ 10 薫（　）
□ 11 衡（　）
□ 12 帥（　）
□ 13 升（　）
□ 14 亭（　）

□ 15 賓（　）
□ 16 嗣（　）
□ 17 戻（　）
□ 18 且（　）
□ 19 弊（　）
□ 20 呉（　）
□ 21 庸（　）
□ 22 崇（　）
□ 23 致（　）
□ 24 宜（　）
□ 25 尉（　）

□ 26 羅（　）
□ 27 辱（　）
□ 28 昆（　）
□ 29 尼（　）
□ 30 疑（　）
□ 31 臭（　）
□ 32 呈（　）
□ 33 弔（　）
□ 34 殻（　）
□ 35 彰（　）
□ 36 刃（　）

対義語・類義語

◆次の**対義語**、**類義語**を後の□の中から選び、**漢字**で記せ。□内の語は一度だけ使うこと。

解答➡別冊 P.3

合格点	得点
20/24	/24

対義語

□ 1 自生—（　　）
□ 2 暴露—（　　）
□ 3 賢明—（　　）
□ 4 横柄—（　　）
□ 5 反逆—（　　）

類義語

□ 6 無口—（　　）
□ 7 折衝—（　　）
□ 8 心配—（　　）
□ 9 面倒—（　　）
□ 10 祝福—（　　）

あんぐ・かもく・きょうじゅん・けいが・けねん・けんきょ・こうしょう・さいばい・ひとく・やっかい

対義語

□ 11 隆起—（　　）
□ 12 答申—（　　）
□ 13 炎暑—（　　）
□ 14 粗略—（　　）
□ 15 偉大—（　　）
□ 16 軽侮—（　　）
□ 17 禁欲—（　　）

類義語

□ 18 来歴—（　　）
□ 19 混乱—（　　）
□ 20 降格—（　　）
□ 21 阻害—（　　）
□ 22 卓抜—（　　）
□ 23 荘重—（　　）
□ 24 貧苦—（　　）

かんぼつ・きょうらく・けっしゅつ・げんしゅく・こっかん・こんきゅう・させん・しもん・じゃま・すうはい・ていねい・ふんきゅう・ぼんよう・ゆいしょ

誤字訂正

◆次の各文にまちがって使われている**同じ読みの漢字**が**一字**ある。**上の（　）に誤字**を、**下の［　］に正しい漢字**を記せ。

合格点	得点
12/14	/14

□ 1 教員の働き方改革の一つとして、ICカードで勤務を覇握する動きがある。（　）［　］

□ 2 沿岸水域での石油掘搾は、生態系への余波が必至と環境保護団体が声を上げている。（　）［　］

□ 3 JAXAが月に見つけた長さ五〇キロの堂窟は、今後、探査基地として期待される。（　）［　］

□ 4 健康志向の高まりを背景に、生活習慣病予防をうたう商品や滋養強相剤が売れている。（　）［　］

□ 5 装着するだけで、スマートフォンが検微鏡になる極薄シールを注文した。（　）［　］

□ 6 システムの大幅な小型化と低消費電力化で、携帯端末への原子時計の搭採が実現した。（　）［　］

□ 7 インフルエンザの拡大を受けて、手洗いなどの衛生対策の更なる撤底が叫ばれる。（　）［　］

□ 8 世界で初めて紙丙が作られたのは、印刷などの技術が進んだ中国だった。（　）［　］

□ 9 お年寄りを狙った差欺が様様な手口を使って頻発し、被害があとを絶たない。（　）［　］

□ 10 人口急増と異常な干ばつにより、ケープタウンは水の枯括都市になる虞がある。（　）［　］

□ 11 軟らかなパンを缶詰にした備蓄食を届ける支援が、社会責件で最優秀賞になった。（　）［　］

□ 12 登山計画書をインターネットで共有するシステムは、もしものときの尽速な救助に役立つ。（　）［　］

□ 13 住宅地へのイノシシなどの侵入を阻止するために、捕獲彰励金制度が設けられている。（　）［　］

□ 14 交通事故の被害者が損害賠傷を求めて裁判を起こし、勝訴判決を勝ち取った。（　）［　］

2日目 練習ドリル

読み

◆次の——線の漢字の読みをひらがなで記せ。

解答➡別冊P.4

合格点	得点
19/23	/23

□ 1 後輩にくどくどと説諭した。（　　）

□ 2 親の財力を顕示する。（　　）

□ 3 奔流にのみこまれそうになる。（　　）

□ 4 怠惰な暮らしから足を洗いたい。（　　）

□ 5 姉は紛れもなく愛猫家だ。（　　）

□ 6 荘重な式典だった。（　　）

□ 7 活性汚泥は水の浄化に使われている。（　　）

□ 8 病巣感染の疑いがある。（　　）

□ 9 お祝いに漆器を贈る。（　　）

□ 10 清澄な美しさに目を奪われる。（　　）

□ 11 安寧な世の中を望む。（　　）

□ 12 空漠とした荒野を行く。（　　）

□ 13 なけなしの才能が枯渇してしまった。（　　）

□ 14 軽く会釈を交わした。（　　）

□ 15 医療費が控除された。（　　）

□ 16 先例に倣った判決だった。（　　）

□ 17 サッカーで友情を培う。（　　）

□ 18 バイト代を旅の軍資金に充てる。（　　）

□ 19 愁いを帯びた顔がパッと明るくなった。（　　）

□ 20 渦潮を見るツアーに参加する。（　　）

□ 21 うそ偽りなく全てを話す。（　　）

□ 22 仲直りの雰囲気を醸し出した。（　　）

□ 23 生きるか死ぬかの瀬戸際に立つ。（　　）

書き取り

◆次の——線のカタカナを漢字に直せ。

解答➡別冊P.4

合格点	得点
19/23	/23

- □ 1 砂浜で**コウラ**干しをした。（　）
- □ 2 **テンテキ**石をうがつ。（　）
- □ 3 返済を**サイソク**する。（　）
- □ 4 原油の**マイゾウ**量を調べる。（　）
- □ 5 屋根を**フシン**する。（　）
- □ 6 予算案を**シンギ**する。（　）
- □ 7 **キョウジン**に倒れる。（　）
- □ 8 **ソアク**品をつかまされる。（　）
- □ 9 ピアノ練習室を**シャオン**にする。（　）
- □ 10 **ロウデン**ブレーカーが落ちた。（　）
- □ 11 人員を**サクゲン**する。（　）
- □ 12 観客を**ミリョウ**するステージだった。（　）
- □ 13 プールで泳いで**ウ**さを晴らす。（　）
- □ 14 英語のできるボランティアを**ツノ**る。（　）
- □ 15 **カロ**うじて三回戦まで進んだ。（　）
- □ 16 深夜の着信で眠りが**サマタ**げられた。（　）
- □ 17 **タワム**れに歌を詠んでみる。（　）
- □ 18 **コ**りずにまたチャレンジしたい。（　）
- □ 19 **トボ**しい成果しか得られなかった。（　）
- □ 20 苗床をビニールで**オオ**った。（　）
- □ 21 兄は**ソトヅラ**がいい。（　）
- □ 22 大自然の**フトコロ**に抱かれて育つ。（　）
- □ 23 本堂から**ドキョウ**が聞こえる。（　）

熟語の構成

◆**熟語の構成**のしかたには次のようなものがある。

解答➡別冊P.4

合格点 21/26　得点 /26

ア 同じような意味の漢字を重ねたもの…………（岩石）
イ 反対または対応の意味を表す字を重ねたもの……（高低）
ウ 上の字が下の字を修飾しているもの…………（洋画）
エ 下の字が上の字の目的語・補語になっているもの…（着席）
オ 上の字が下の字の意味を打ち消しているもの……（非常）

次の熟語は右の**ア〜オ**のどれにあたるか、**一つ**選び、**記号**を記せ。

□ 1 旋風（　）
□ 2 逓減（　）
□ 3 無粋（　）
□ 4 不浄（　）
□ 5 慶弔（　）
□ 6 早晩（　）
□ 7 核心（　）
□ 8 公僕（　）
□ 9 未了（　）
□ 10 随意（　）
□ 11 隠顕（　）
□ 12 雅俗（　）
□ 13 折衷（　）
□ 14 報酬（　）
□ 15 旅愁（　）
□ 16 叙情（　）
□ 17 親疎（　）
□ 18 争覇（　）
□ 19 財閥（　）
□ 20 枢要（　）
□ 21 贈賄（　）
□ 22 享受（　）
□ 23 逸脱（　）
□ 24 諭旨（　）
□ 25 俊秀（　）
□ 26 渉猟（　）

対義語・類義語

解答➡別冊P.5

◆次の**対義語**、**類義語**を後の□の中から選び、**漢字**で記せ。□内の語は一度だけ使うこと。

合格点	得点
20/24	/24

対義語

□ 1 栄転―（　　）

□ 2 飽食―（　　）

□ 3 任命―（　　）

□ 4 祝賀―（　　）

□ 5 虚弱―（　　）

類義語

□ 6 平穏―（　　）

□ 7 我慢―（　　）

□ 8 貧困―（　　）

□ 9 残念―（　　）

□ 10 死角―（　　）

あいとう・あんねい・いかん・がんけん・きが・きゅうぼう・させん・にんたい・ひめん・もうてん

対義語

□ 11 愛護―（　　）

□ 12 褒賞―（　　）

□ 13 固辞―（　　）

□ 14 分割―（　　）

□ 15 汚濁―（　　）

□ 16 名誉―（　　）

□ 17 巧妙―（　　）

類義語

□ 18 昼寝―（　　）

□ 19 是認―（　　）

□ 20 順次―（　　）

□ 21 猛者―（　　）

□ 22 永眠―（　　）

□ 23 根絶―（　　）

□ 24 豊富―（　　）

いっかつ・かいだく・ぎゃくたい・ごうけつ・こうてい・ごすい・じゅんたく・せいきょ・せいちょう・せつれつ・ちくじ・ちじょく・ちょうばつ・ぼくめつ

同音・同訓異字

◆次の——線のカタカナを漢字に直せ。

解答➡別冊P.5

合格点 23/28　得点 /28

□ 1 福祉の拡充に**キョヒ**を投入する。（　　）

□ 2 決議で**キョヒ**権を行使する。（　　）

□ 3 留学で入国**サショウ**を申請した。（　　）

□ 4 年齢を**サショウ**してしまった。（　　）

□ 5 **ユウカイ**事件の詳細が報道された。（　　）

□ 6 氷が**ユウカイ**する様子を見る。（　　）

□ 7 **コウショウ**文学を研究したい。（　　）

□ 8 寺院で**コウショウ**な話を聞く。（　　）

□ 9 無**テンカ**化粧品を試してみる。（　　）

□ 10 上司の責任**テンカ**を糾弾する。（　　）

□ 11 彼の意見には**シュコウ**しかねる。（　　）

□ 12 飾りつけに**シュコウ**を凝らした。（　　）

□ 13 入学金を**イッカツ**で支払った。（　　）

□ 14 態度の悪い人物を**イッカツ**する。（　　）

□ 15 **ホンポウ**なヒロインに魅了される。（　　）

□ 16 この舞台は**ホンポウ**初公開だ。（　　）

□ 17 祖父は**ショウガイ**現役を通した。（　　）

□ 18 **ショウガイ**係として顧客を訪問する。（　　）

□ 19 首相**コウテイ**で会食が催される。（　　）

□ 20 ラジオから**コウテイ**円舞曲が流れる。（　　）

□ 21 勢力の**キンコウ**を保つのは難しい。（　　）

□ 22 東京**キンコウ**の温泉宿を予約する。（　　）

□ 23 電車内で音漏れが気に**サワ**る。（　　）

□ 24 赤ちゃんのすべすべの肌に**サワ**る。（　　）

□ 25 おろしたての靴を**ハ**く。（　　）

□ 26 落ち葉を**ハ**き集めるのが秋の日課だ。（　　）

□ 27 その**ムネ**を伝える。（　　）

□ 28 新たに三**ムネ**が建築された。（　　）

漢字と送りがな

◆次の――線のカタカナを**漢字一字と送りがな**（ひらがな）に直せ。

解答➡別冊P.5

合格点	得点
19/23	/23

□ 1 しんしんと夜が**フケル**。

□ 2 歯痛を**アナドッ**てはいけない。

□ 3 職業を**イツワル**。

□ 4 季節の風物詩が**スタレ**ていく。

□ 5 満天の星を**ナガメル**。

□ 6 金に**イヤシイ**人が嫌いだ。

□ 7 針と糸で服のほつれを**ツクロウ**。

□ 8 観光が市の財政を**ウルオス**。

□ 9 転勤を**シブル**。

□ 10 歴史に**ウトイ**。

□ 11 やり場のない**イキドオリ**を覚えた。

□ 12 痛い目にあったら**コリル**だろう。

□ 13 犬の頭をなでて**ホメル**。

□ 14 **スデニ**期限は過ぎてしまった。

□ 15 母は**カシコイ**選択をした。

□ 16 **ユルヤカニ**回復に向かう。

□ 17 園芸では根を**ツチカウ**のが大事。

□ 18 パートで家計を**マカナウ**。

□ 19 吹雪が視界を**サエギル**。

□ 20 故郷の墓に**ホウムル**。

□ 21 友を**ソソノカシ**て豪遊する。

□ 22 信頼のきずなを**ツムイ**でいく。

□ 23 花婿が**ウヤウヤシク**一礼した。

3日目 練習ドリル

読み

◆次の――線の**漢字の読みをひらがな**で記せ。

解答➡別冊P.6

合格点	得点
19/23	/23

□ 1 イタリアの工房で製靴の技術を学ぶ。（　　）

□ 2 猛暑で収穫量が逓減する。（　　）

□ 3 首位奪還を目指す。（　　）

□ 4 ファッションの変遷をたどる。（　　）

□ 5 謹啓の結語は敬白が一般的。（　　）

□ 6 朝から悪寒がする。（　　）

□ 7 厄日こそ明るく過ごす。（　　）

□ 8 ぜひ拙宅にお寄りください。（　　）

□ 9 リーグ戦に旋風を巻き起こす。（　　）

□ 10 人員の多寡は問わない。（　　）

□ 11 壮図半ばにして挫折する。（　　）

□ 12 挿話満載の講義を聴く。（　　）

□ 13 断食をして誓願を立てる。（　　）

□ 14 純米酒の出荷が漸増している。（　　）

□ 15 激しい角逐が続く。（　　）

□ 16 家計の手綱を握る。（　　）

□ 17 やり場のない憤りを感じる。（　　）

□ 18 面当てに皮肉を言う。（　　）

□ 19 端数は切り捨てにする。（　　）

□ 20 鳥が枝と戯れている。（　　）

□ 21 旧友にまんまと担がれた。（　　）

□ 22 社長から記念品を賜る。（　　）

□ 23 栄養の偏りに気をつける。（　　）

書き取り

◆次の——線の**カタカナ**を**漢字**に直せ。

解答➡別冊 P.6

合格点	得点
19/23	/23

□ 1 割ったガラスを**ベンショウ**する。（　　）

□ 2 仲間と**ジゼン**活動をする。（　　）

□ 3 退任する同僚の**イロウ**会を開いた。（　　）

□ 4 **チンタイ**ムードを払拭する。（　　）

□ 5 発想の**テンカン**を図る。（　　）

□ 6 傘を**フンシツ**してしまった。（　　）

□ 7 **ケイセツ**の功で合格を果たす。（　　）

□ 8 玄関用の**ホウコウ**剤を買う。（　　）

□ 9 政治**リンリ**について考える。（　　）

□ 10 **キセイ**事実をつくる。（　　）

□ 11 **キュウケイ**時間が待ち遠しい。（　　）

□ 12 財界の**ジュウチン**に取材する。（　　）

□ 13 教会に**ケンキン**を行う。（　　）

□ 14 マッターホルン登頂に**イド**む。（　　）

□ 15 また会おうと**チギ**りを交わす。（　　）

□ 16 雨脚が**オトロ**えてきた。（　　）

□ 17 青空を**アオ**ぎ見る。（　　）

□ 18 冬山には危険が**トモナ**う。（　　）

□ 19 **タ**きたてのご飯をいただく。（　　）

□ 20 彼とは**ハダカ**のつきあいだ。（　　）

□ 21 部屋の片**スミ**にうずくまる。（　　）

□ 22 **オロ**かなことをしてしまった。（　　）

□ 23 夜空には**ヨイ**の明星が輝く。（　　）

熟語の構成

◆**熟語の構成**のしかたには次のようなものがある。

解答➡別冊P.6

合格点	得点
21/26	/26

ア 同じような意味の漢字を重ねたもの……(岩石)
イ 反対または対応の意味を表す字を重ねたもの……(高低)
ウ 上の字が下の字を修飾しているもの……(洋画)
エ 下の字が上の字の目的語・補語になっているもの……(着席)
オ 上の字が下の字の意味を打ち消しているもの……(非常)

次の熟語は右の**ア〜オ**のどれにあたるか、**一つ**選び、**記号**を記せ。

□ 1 衆寡（　　）
□ 2 懐古（　　）
□ 3 禍福（　　）
□ 4 無尽（　　）
□ 5 把握（　　）
□ 6 施肥（　　）
□ 7 検疫（　　）
□ 8 任免（　　）
□ 9 出廷（　　）
□ 10 去就（　　）
□ 11 疾患（　　）
□ 12 功罪（　　）
□ 13 奔流（　　）
□ 14 広漠（　　）
□ 15 不肖（　　）
□ 16 未聞（　　）
□ 17 懇請（　　）
□ 18 剰余（　　）
□ 19 献呈（　　）
□ 20 徹底（　　）
□ 21 点滅（　　）
□ 22 拙劣（　　）
□ 23 不偏（　　）
□ 24 脚韻（　　）
□ 25 頻度（　　）
□ 26 漆黒（　　）

四字熟語

◆次の**四字熟語**について、〔問1〕と〔問2〕に答えよ。

合格点	得点
19/23	/23

〔問1〕 次の**四字熟語**の（1～16）にはいる適切な語を後の□の中から選び、**漢字二字**で記せ。

□ア 綱紀（1　　）
□イ 当意（2　　）
□ウ 質実（3　　）
□エ （4　　）果断
□オ 英俊（5　　）
□カ 快刀（6　　）
□キ （7　　）連理
□ク （8　　）秩序
□ケ 志操（9　　）
□コ （10　　）自重
□サ （11　　）充棟
□シ 暖衣（12　　）
□ス 遠慮（13　　）
□セ 文人（14　　）
□ソ （15　　）北斗
□タ 盛者（16　　）

あんねい・いんにん・えしゃく・かんぎゅう・けんご・ごうけつ・ごうけん・しゅくせい・じんそく・そくみょう・たいざん・ぼっかく・ひっすい・ひよく・ほうしょく・らんま

〔問2〕 次の17～23の**意味**にあてはまるものを**〔問1〕のア～タの四字熟語**から**一つ**選び、**記号**を記せ。

□17 その道の大家として尊ばれる存在。（　　）
□18 じっとこらえて言動を慎むこと。（　　）
□19 蔵書が多いことのたとえ。（　　）
□20 難事を手際よく解決するさま。（　　）
□21 男女の仲がむつまじいことのたとえ。（　　）
□22 規律などを正すこと。（　　）
□23 その場に応じて機転を利かせること。（　　）

同音・同訓異字

◆次の――線の**カタカナ**を**漢字**に直せ。

解答➡別冊P.7

合格点	得点
23/28	/28

□ 1 スタジアムに選手**センセイ**がこだました。（　　）

□ 2 **センセイ**君主の圧政を阻止する。（　　）

□ 3 **ユウシュウ**な人材の目星をつける。（　　）

□ 4 窃盗の嫌疑で**ユウシュウ**の身となる。（　　）

□ 5 **センパク**な議論にあきれかえる。（　　）

□ 6 小型**センパク**の免許を取る。（　　）

□ 7 紅葉狩りで**ケイコク**を訪れる。（　　）

□ 8 再三の**ケイコク**を無視する。（　　）

□ 9 巧みなマジックを**ヒロウ**する。（　　）

□ 10 **ヒロウ**がひどくて起きられない。（　　）

□ 11 **シモン**認証を設定する。（　　）

□ 12 **シモン**機関が答申案をとりまとめた。（　　）

□ 13 **コショウ**の水質を改善する。（　　）

□ 14 エアコンの**コショウ**原因がわかった。（　　）

□ 15 復興支援に**ホンソウ**する。（　　）

□ 16 恩師の**ホンソウ**がしめやかに営まれた。（　　）

□ 17 荒れた土地を**カイコン**する。（　　）

□ 18 過ちに対し**カイコン**の念にかられる。（　　）

□ 19 交通**ジュウタイ**で到着が遅れる。（　　）

□ 20 三列**ジュウタイ**に並ぶ。（　　）

□ 21 銀行で**ユウシ**を受ける。（　　）

□ 22 **ユウシ**鉄線を張り巡らす。（　　）

□ 23 庭の芝を**カ**る。（　　）

□ 24 牛を**カ**り立てて柵の中に入れる。（　　）

□ 25 宴席が大いに**モ**り上がる。（　　）

□ 26 極秘文書が**モ**れる。（　　）

□ 27 幾**エ**にも人垣ができる。（　　）

□ 28 傘の**エ**を修理する。（　　）

誤字訂正

◆次の各文にまちがって使われている**同じ読みの漢字が一字**ある。**上の（　）に誤字**を、**下の［　］に正しい漢字**を記せ。

解答➡別冊P.7

合格点	得点
12/14	/14

□ 1 東京モノレールでは、車両前方のブラシで賓繁に除雪をするという創意を凝らしている。（　）［　］

□ 2 ドラフト一位入団の新人は、初キャンプで「従実した練習内容だった」と破顔した。（　）［　］

□ 3 過去の津波の記録から、木造家屋は浸水二メートルで全面破解に至るとわかった。（　）［　］

□ 4 引退を表明したアーティストの所属事務所に徹回を訴えるファンの署名が送り届けられた。（　）［　］

□ 5 下水道管の老朽化に伴う道路の陥没はライフラインを寸断し、尽大な影響を及ぼしかねない。（　）［　］

□ 6 二〇四〇年の一人暮らしが三九％に達するとの垂測に、高齢単身者の孤立が危惧される。（　）［　］

□ 7 合閉症が出やすい糖尿病の予防では、早期の発見と治療が決め手となる。（　）［　］

□ 8 光や音を斜断して塩水に浮かぶ装置が心の健康を気遣う人たちに人気だという。（　）［　］

□ 9 電力とガスの自由化で、石油、ガスなど様様な企業が雇客確保に乗り出した。（　）［　］

□ 10 体を克使しても、また逆に運動不足によっても、筋肉や節節の痛みは生じる。（　）［　］

□ 11 振り込め詐欺の電話の声を人工知能で分績し、犯人を検挙するケースが出ている。（　）［　］

□ 12 禁急速報メールでは、災害・避難のニュースが対象エリアの端末に一斉配信される。（　）［　］

□ 13 子どもの晴れ舞台を楽しみに、親族が大勢来場し、お遊戯会は活況を提した。（　）［　］

□ 14 認知症高齢者の掃索で、一般家庭の飼い犬に出動要請を委託するシステムができた。（　）［　］

4日目 練習ドリル

読み

◆次の――線の漢字の読みをひらがなで記せ。

解答➡
別冊 P.8

合格点	得点
19/23	/23

□ 1 風霜に耐えて久しい。（　）

□ 2 施主に挨拶に行く。（　）

□ 3 醜聞が立って顧客が減る。（　）

□ 4 この薬には解毒作用がある。（　）

□ 5 大豆を圧搾して油をとる。（　）

□ 6 門扉をリフォームする。（　）

□ 7 彼は業界の事情に通暁している。（　）

□ 8 罪状を糾明する。（　）

□ 9 大型円借款案件が進んでいる。（　）

□ 10 人災のニュースに嫌悪を覚えた。（　）

□ 11 税制改正に伴い頒価を変更する。（　）

□ 12 閑却し得ない問題が山積みだ。（　）

□ 13 故郷で恩師と一献傾ける。（　）

□ 14 森を散歩しながら思索にふけった。（　）

□ 15 友人代表として弔辞を頼まれる。（　）

□ 16 わがままが過ぎて疎んじられる。（　）

□ 17 ライバルに窮地に陥れられた。（　）

□ 18 母の意を酌んで家を継ぐ。（　）

□ 19 その旨を知らせておく。（　）

□ 20 妹は宵っぱりの朝寝坊だ。（　）

□ 21 消防ホースの筒先を掃除する。（　）

□ 22 将来を見据えて志望校を決める。（　）

□ 23 警察を装った電話がかかってきた。（　）

書き取り

◆次の——線の**カタカナ**を**漢字**に直せ。

解答➡別冊P.8

合格点	得点
19/23	/23

□ 1 勢力の**キンコウ**を保つ。（　　）

□ 2 **ユイショ**のある寺を訪ねる。（　　）

□ 3 多額の**フサイ**を抱える。（　　）

□ 4 車のウインカーを**テンメツ**させた。（　　）

□ 5 口内の**エンショウ**がひどくなる。（　　）

□ 6 日々の努力が**カンヨウ**だ。（　　）

□ 7 蔵独自の**コウボ**で酒を仕込む。（　　）

□ 8 歓迎会で乾杯の**オンド**をとった。（　　）

□ 9 核兵器**テッパイ**の道を探る。（　　）

□ 10 まさに**コウイン**矢の如《ごと》しだ。（　　）

□ 11 娘と**キッサ**店で落ち合う。（　　）

□ 12 工場**ユウチ**に奔走する。（　　）

□ 13 気が抜けて練習を**ナマ**けてしまった。（　　）

□ 14 全力を尽くすと**チカ**った。（　　）

□ 15 絶品の海鮮丼に**シタツヅミ**を打つ。（　　）

□ 16 とんだ**サルシバイ**だった。（　　）

□ 17 新米は炊くと柔らかくて**ネバ**りがある。（　　）

□ 18 早起きの**クセ**をつける。（　　）

□ 19 草かげに猫が**ヒソ**んでいた。（　　）

□ 20 心ない言葉に**イキドオ**りを感じた。（　　）

□ 21 **ムコ**養子にならないかと打診された。（　　）

□ 22 **ハスウ**を切り捨てて計算する。（　　）

□ 23 姉に**タビ**の形をした靴下を贈る。（　　）

四字熟語

◆次の**四字熟語**について、〔問1〕と〔問2〕に答えよ。

解答➡別冊P.8

合格点	得点
19/23	/23

〔問1〕 次の**四字熟語**の（1〜16）にはいる適切な語を後の□の中から選び、**漢字二字**で記せ。

□ **ア** 天衣（1）（　）

□ **イ** 竜頭（2）（　）

□ **ウ** （3）（　）万里

□ **エ** 百八（4）（　）

□ **オ** 内憂（5）（　）

□ **カ** （6）（　）絶佳

□ **キ** 巧遅（7）（　）

□ **ク** （8）（　）有閑

□ **ケ** （9）（　）転倒

□ **コ** 月下（10）（　）

□ **サ** 群雄（11）（　）

□ **シ** （12）（　）烈日

□ **ス** （13）（　）諾諾

□ **セ** （14）（　）妄動

□ **ソ** （15）（　）翼翼

□ **タ** 昼夜（16）（　）

いい・うんでい・がいかん・かっきょ・けいきょ・けんこう・しゅうそう・しゅかく・しょうしん・せっそく・だび・ちょうぼう・ひょうじん・ぼうちゅう・ぼんのう・むほう

〔問2〕 次の17〜23の**意味**にあてはまるものを〔問1〕**のア〜タの四字熟語**から**一つ**選び、**記号**を記せ。

□ 17 相手の言いなりになるさま。（　）

□ 18 刑罰や規律などが非常に厳しいさま。（　）

□ 19 たくさんの実力者が勢力を張って争うこと。（　）

□ 20 びくびくしているさま。（　）

□ 21 初めは勢いがよく終わりが振るわないさま。（　）

□ 22 隔たりが大きいこと。（　）

□ 23 格別に見晴らしがよいこと。（　）

対義語・類義語

解答➡別冊 P.9

◆次の**対義語**、**類義語**を後の□の中から選び、**漢字**で記せ。□内の語は一度だけ使うこと。

合格点	得点
20/24	/24

対義語

□ 1 激賞―（　　）
□ 2 威圧―（　　）
□ 3 特殊―（　　）
□ 4 凡才―（　　）
□ 5 高遠―（　　）

類義語

□ 6 歴然―（　　）
□ 7 湯船―（　　）
□ 8 譲歩―（　　）
□ 9 公表―（　　）
□ 10 調和―（　　）

いつざい・かいじゅう・きんこう・けんちょ・こくひょう・だきょう・ひきん・ひろう・ふへん・よくそう

対義語

□ 11 国産―（　　）
□ 12 率先―（　　）
□ 13 富裕―（　　）
□ 14 純白―（　　）
□ 15 多弁―（　　）
□ 16 暫時―（　　）
□ 17 発病―（　　）

類義語

□ 18 困苦―（　　）
□ 19 気分―（　　）
□ 20 監禁―（　　）
□ 21 熟知―（　　）
□ 22 推移―（　　）
□ 23 対価―（　　）
□ 24 解雇―（　　）

かもく・きげん・こうきゅう・しっこく・しんさん・ちゆ・ついずい・つうぎょう・はくらい・ひめん・ひんきゅう・へんせん・ほうしゅう・ゆうへい

同音・同訓異字

◆次の――線の**カタカナ**を**漢字**に直せ。

解答➡別冊P.9

合格点	得点
23/28	/28

1 **スイソウ**楽部に入る。

2 **スイソウ**の熱帯魚を眺める。

3 **ショウレイ**の報告をする。

4 文武両道を**ショウレイ**する。

5 競技の**ハケン**争いに加わる。

6 **ハケン**契約を更新する。

7 グループ会社の**サンカ**に入る。

8 震災の**サンカ**を目のあたりにする。

9 寺の修復で**ジョウザイ**を募る。

10 薬局で**ジョウザイ**を処方してもらう。

11 監督が**コウテツ**される。

12 母は**コウテツ**の意志をもっていた。

13 物価が**トウキ**する。

14 **トウキ**市で茶わんを買う。

15 決勝でラリーの**オウシュウ**が続く。

16 **オウシュウ**連合の動向を追う。

17 首相**カンテイ**のHPを閲覧する。

18 祖父のお宝を**カンテイ**してもらう。

19 **ソウレツ**な最期を遂げる。

20 厳かな面持ちで**ソウレツ**を見送る。

21 **フヨウ**控除が大幅に改正された。

22 景気の**フヨウ**策に取り組む。

23 稲**ホ**が黄金色に輝いている。

24 白い**ホ**が風をはらんで膨らむ。

25 家庭菜園に**コ**る。

26 **コ**りずに何度でも挑戦する。

27 お**ス**は体によい食品とされる。

28 ツバメが**ス**を作りはじめた。

漢字と送りがな 四

◆次の――線のカタカナを**漢字一字と送りがな（ひらがな）**に直せ。

解答➡別冊P.9

合格点	得点
19/23	/23

□ 1 非常識も**ハナハダシイ**。

□ 2 人込みに**マギレ**て消え去る。

□ 3 反旗を**ヒルガエス**。

□ 4 フライパンを**コガシ**てしまった。

□ 5 通りを**ヘダテ**て言葉を交わす。

□ 6 陰謀を**クワダテル**。

□ 7 恥を**シノン**でお願いする。

□ 8 **スッパイ**ものが苦手だ。

□ 9 じっと目を**コラス**。

□ 10 沖にいさり火が**マタタイ**ている。

□ 11 王となって国を**スベル**。

□ 12 **オドシ**には絶対にのらない。

□ 13 法外な支払いを**コバム**。

□ 14 **オシマ**れながら引退する。

□ 15 木を**ユスッ**て実を落とした。

□ 16 犯人を**オトシイレル**。

□ 17 民話を使って教え**サトス**。

□ 18 **ナツカシイ**写真を見て話に花が咲く。

□ 19 竹の曲がりを**タメル**。

□ 20 秘密がばれて**アワテル**。

□ 21 一芸に**ヒイデル**。

□ 22 タバコの煙が**タダヨッ**ていた。

□ 23 今年も梅干しを**ツケル**つもりだ。

5日目
練習ドリル

書き取り

◆次の——線の**カタカナ**を**漢字**に直せ。

解答➡別冊 P.10

合格点	得点
40/49	/49

1 証拠の書類を**オウシュウ**した。（　　）

2 任職に渡すお**フセ**を準備する。（　　）

3 任務を**カンスイ**する。（　　）

4 家庭菜園の**シュビョウ**を買った。（　　）

5 **タクエツ**した技術を誇りにする。（　　）

6 祖父には**ロウヒ**癖があった。（　　）

7 努力が**スイホウ**に帰してしまった。（　　）

8 **キョセイ**を張ってもしかたがない。（　　）

9 不正が露顕して**ユシ**解雇になる。（　　）

10 チケットを**ユウズウ**してもらう。（　　）

11 門の**テッピ**を閉める。（　　）

12 人権**ヨウゴ**活動を支援する。（　　）

13 あまりに**タンラク**的な発想に驚く。（　　）

14 平和と自由を**カツボウ**する。（　　）

15 罪人が**コウキン**刑に科せられた。（　　）

16 **カイジュウ**策で味方を増やした。（　　）

17 長い説法は**カンベン**してほしい。（　　）

18 奨学金を**ヘンカン**する。（　　）

19 **タイグウ**の改善を要請する。（　　）

20 **ソウレツ**な最期を迎える。（　　）

21 温泉宿から**ケイリュウ**をのぞむ。（　　）

22 **ケンアン**事項について話し合う。（　　）

23 **キンミツ**な連携を図る。（　　）

□ 24 示談の**コウショウ**役を請け負う。（　　）

□ 25 失言で**キュウチ**に立たされた。（　　）

□ 26 **アサセ**に乗り上げたクジラを救出する。（　　）

□ 27 ゴマフアザラシの**ウブゲ**は白い。（　　）

□ 28 **ツ**り銭を間違える。（　　）

□ 29 **アミダナ**にバッグを載せる。（　　）

□ 30 縁起を**カツ**いで左手でくじを引く。（　　）

□ 31 **ナグ**りつけるような暴風雨だった。（　　）

□ 32 **ニワトリ**はキジ科に属する。（　　）

□ 33 **アワ**てて傘を置き忘れる。（　　）

□ 34 休憩を**ハサ**みながら練習する。（　　）

□ 35 彼の回答は物議を**カモ**した。（　　）

□ 36 **ミジ**めな結果には終わらせない。（　　）

□ 37 **タツマキ**注意報に気をつける。（　　）

□ 38 ピアノの先生を姉のように**シタ**う。（　　）

□ 39 堪忍袋の**オ**が切れてしまった。（　　）

□ 40 甘味処《どころ》でお**シルコ**を食べた。（　　）

□ 41 鈴と扇を手に舞う**カグラ**を観《み》た。（　　）

□ 42 経歴を**イツワ**る。（　　）

□ 43 焼酎で柿の**シブ**抜きをする。（　　）

□ 44 定価の七掛けで商品を**オロ**した。（　　）

□ 45 電車の**ユ**れを使って体幹を鍛える。（　　）

□ 46 授業で浴衣を**ヌ**うことになった。（　　）

□ 47 妊婦バッジをつけた人に席を**ユズ**る。（　　）

□ 48 遅刻しそうになって**アセ**る。（　　）

□ 49 メダルを逃して**クヤ**しい思いをする。（　　）

読み

◆次の——線の**漢字の読みをひらがな**で記せ。

解答➡別冊P.10

合格点	得点
19/23	/23

☐ 1 沼沢地帯には抽水植物が繁茂する。（　　）

☐ 2 窮余の策を口にする。（　　）

☐ 3 同級生に異色の俊才がいた。（　　）

☐ 4 廃屋を解体する。（　　）

☐ 5 比肩する者のいないほどの表現力。（　　）

☐ 6 長年の功績が認められ褒賞された。（　　）

☐ 7 資料の散逸を防ぐ。（　　）

☐ 8 教皇に謁見する。（　　）

☐ 9 懸案事項が山積している。（　　）

☐ 10 武道の秘奥をきわめる。（　　）

☐ 11 舌禍で辞職に追い込まれる。（　　）

☐ 12 大成したのは師の薫陶のお陰だ。（　　）

☐ 13 不祥事で隠蔽工作が露呈した。（　　）

☐ 14 結論を出すのは時期尚早だ。（　　）

☐ 15 過去一番の釣果を挙げた。（　　）

☐ 16 唆されて高い輸入車を買ってしまった。（　　）

☐ 17 目を患いゲーム禁止になった。（　　）

☐ 18 ようやく怒りが鎮まった。（　　）

☐ 19 短歌に思いを紡ぐ。（　　）

☐ 20 専門家に助けを請う。（　　）

☐ 21 来訪した旧友を懇ろにもてなす。（　　）

☐ 22 彩りの美しいショールを羽織る。（　　）

☐ 23 野菜を軟らかく煮た。（　　）

部首

◆次の漢字の**部首**を記せ。

解答➡別冊P.10

合格点	得点
29/36	/36

例 開（門）

1 窯（　）
2 斉（　）
3 摩（　）
4 衷（　）
5 竜（　）
6 叙（　）
7 煩（　）

8 享（　）
9 徹（　）
10 廷（　）
11 隷（　）
12 畝（　）
13 泰（　）
14 耗（　）

15 勅（　）
16 丹（　）
17 旋（　）
18 栽（　）
19 奔（　）
20 款（　）
21 缶（　）
22 韻（　）
23 唇（　）
24 囚（　）
25 閥（　）

26 寧（　）
27 爵（　）
28 亜（　）
29 瓶（　）
30 累（　）
31 献（　）
32 恭（　）
33 妥（　）
34 喪（　）
35 丙（　）
36 虞（　）

熟語の構成

◆**熟語の構成**のしかたには次のようなものがある。

解答➡別冊P.11

合格点 21/26　得点 /26

ア 同じような意味の漢字を重ねたもの……………(岩石)
イ 反対または対応の意味を表す字を重ねたもの………(高低)
ウ 上の字が下の字を修飾しているもの……………(洋画)
エ 下の字が上の字の目的語・補語になっているもの…(着席)
オ 上の字が下の字の意味を打ち消しているもの………(非常)

次の熟語は右の**ア〜オ**のどれにあたるか、**一つ**選び、**記号**を記せ。

□ 1 謹呈（　　）
□ 2 存廃（　　）
□ 3 罷業（　　）
□ 4 媒介（　　）
□ 5 抑揚（　　）
□ 6 擬似（　　）
□ 7 忍苦（　　）
□ 8 繁閑（　　）
□ 9 経緯（　　）
□ 10 寛厳（　　）
□ 11 扶助（　　）
□ 12 妄想（　　）
□ 13 頒価（　　）
□ 14 併記（　　）
□ 15 疲弊（　　）
□ 16 環礁（　　）
□ 17 往還（　　）
□ 18 弾劾（　　）
□ 19 未遂（　　）
□ 20 贈答（　　）
□ 21 貴賓（　　）
□ 22 殉難（　　）
□ 23 上棟（　　）
□ 24 無窮（　　）
□ 25 宣誓（　　）
□ 26 銃創（　　）

四字熟語

◆次の**四字熟語**について、〔問1〕と〔問2〕に答えよ。

合格点 19/23　得点 /23

〔問1〕 次の**四字熟語**の（1〜16）にはいる適切な語を後の□の中から選び、**漢字二字**で記せ。

□ **ア**（1）末節　（　　）
□ **イ** 温厚（2）　（　　）
□ **ウ** 内疎（3）　（　　）
□ **エ** 精進（4）　（　　）
□ **オ** 教唆（5）　（　　）
□ **カ**（6）頭正　（　　）
□ **キ**（7）無人　（　　）
□ **ク**（8）亡羊　（　　）
□ **ケ** 冷汗（9）　（　　）
□ **コ** 詩歌（10）　（　　）
□ **サ** 高論（11）　（　　）
□ **シ** 合従（12）　（　　）
□ **ス**（13）一紅　（　　）
□ **セ** 初志（14）　（　　）
□ **ソ** 孤城（15）　（　　）
□ **タ** 不偏（16）　（　　）

がいしん・かんげん・かんてつ・けっさい・さんと・しょう・せんどう・たき・たくせつ・とくじつ・はじゃ・ばんりょく・ふとう・ぼうじゃく・らくじつ・れんこう

〔問2〕 次の17〜23の**意味**にあてはまるものを〔問1〕**のア〜タの四字熟語**から**一つ**選び、**記号**を記せ。

□ 17 状況に応じて結び付いたり離れたりすること。（　　）
□ 18 飲食や行いを慎み、身を清めること。（　　）
□ 19 人をそそのかし、けしかけること。（　　）
□ 20 公平・中立の立場であること。（　　）
□ 21 勝手気ままに振る舞うこと。（　　）
□ 22 方針がありすぎて迷うこと。（　　）
□ 23 数ある中で一際目立つ優れたもの。（　　）

5日目

対義語・類義語 五

◆次の**対義語**、**類義語**を後の□の中から選び、**漢字**で記せ。□内の語は一度だけ使うこと。

解答➡別冊 P.12

合格点	得点
20/24	/24

対義語

□ 1 個別—（　　）
□ 2 新奇—（　　）
□ 3 厳格—（　　）
□ 4 進出—（　　）
□ 5 決裂—（　　）

類義語

□ 6 抜粋—（　　）
□ 7 屋敷—（　　）
□ 8 処罰—（　　）
□ 9 互角—（　　）
□ 10 反逆—（　　）

いっせい・かんよう・しょうろく・だけつ・ちょうかい・ちんぷ・ていたく・てったい・はくちゅう・むほん

対義語

□ 11 獲得—（　　）
□ 12 末端—（　　）
□ 13 侵害—（　　）
□ 14 欠乏—（　　）
□ 15 混乱—（　　）
□ 16 更生—（　　）
□ 17 総合—（　　）

類義語

□ 18 永遠—（　　）
□ 19 奮戦—（　　）
□ 20 省略—（　　）
□ 21 激怒—（　　）
□ 22 堪忍—（　　）
□ 23 脅迫—（　　）
□ 24 不意—（　　）

いかく・かつあい・かんとう・かんべん・じゅうそく・そうしつ・だらく・ちつじょ・ちゅうすう・とうとつ・ふんがい・ぶんせき・ゆうきゅう・ようご

誤字訂正

◆次の各文にまちがって使われている**同じ読みの漢字**が**一字**ある。**上の（　）に誤字を、下の［　］に正しい漢字**を記せ。

合格点	得点
12/14	/14

□ 1 詐欺犯罪を食い止めるため、金誘機関ではATM操作をする人への声掛けを励行している。（　）［　］

□ 2 増え続ける空き家を民泊やカフェとして活用できないかという動きが模錯されている。（　）［　］

□ 3 ジャガイモの芽は天然毒素を多く含有するので、栽媒や調理時には気をつける必要がある。（　）［　］

□ 4 映画の完成被露試写会の舞台挨拶で撮影裏話が語られ、シアターは笑いの渦に巻き込まれた。（　）［　］

□ 5 定期的な見回りやカメラの設置で防犯意識を高めた結果、切盗などの犯罪が激減した。（　）［　］

□ 6 平熱が三十六度を切る人は、運動をして筋肉代謝を上げると免液力が回復するという。（　）［　］

□ 7 日本が世界に貢謙し、海外の若者に爆発的な人気を博したものにマンガとアニメが挙げられる。（　）［　］

□ 8 ゴルフ場建設候補地で、ウサギを原告にして工事差し止めの訴詔が提起されたことがある。（　）［　］

□ 9 オバマ元米大統領は広島を訪問した際、平和と核排絶の象徴でもある折り鶴を四羽寄贈した。（　）［　］

□ 10 途上国の感染症予防には、汚濁水を醸化して安全な飲み水を確保することが急務である。（　）［　］

□ 11 長雨や冷害の打撃を受けて、連日の野菜の値段高騰が、家計を悩ませている。（　）［　］

□ 12 堆肥には土譲の微生物の生育を助けたり、通気と排水を良くしたりする効果がある。（　）［　］

□ 13 木製まな板の雑菌繁嘱が気になるときは、酢や塩を使うと手軽にきれいにできる。（　）［　］

□ 14 ホスピスや看和ケア病棟で果たす音楽セラピーの役目が少しずつ期待され始めている。（　）［　］

模擬試験①

解答➡
別冊P.13

制限時間 60分

合格点 160/200

得点 /200

1

次の——線の漢字の読みをひらがなで記せ。

1 惰眠を貪ってしまった。（　　）
2 褒美に目を輝かす。（　　）
3 秀逸を極めた作品だ。（　　）
4 幾星霜を経て今に至る。（　　）
5 母は紡織工場で働いたことがある。（　　）
6 豪壮な構えの店に招かれた。（　　）
7 猛暑での警備を督励する。（　　）
8 暇な部署に左遷された。（　　）
9 官民の癒着が問題だ。（　　）
10 特派員を召還する。（　　）
11 代表選手になることを渇望する。（　　）
12 悪弊に活路はない。（　　）

各1点 /30

2

次の漢字の部首を記せ。

例 開（門）

1 升（　　）
2 寧（　　）
3 瓶（　　）
4 栽（　　）
5 喪（　　）
6 窯（　　）
7 妥（　　）
8 奔（　　）
9 丙（　　）
10 戻（　　）

各1点 /10

13 眼**疾患**について調べる。（　　）
14 核抑止力を**顕示**する。（　　）
15 **郷愁**をそそる歌がある。（　　）
16 **空疎**に尽きる話だった。（　　）
17 福祉の予算を**拡充**する。（　　）
18 配属先によって**繁閑**の差がある。（　　）
19 初**賜杯**の喜びを語る。（　　）
20 心の**広狭**について考える。（　　）
21 **醜**い争いに巻き込まれる。（　　）
22 退屈**窮**まりない講演だった。（　　）
23 **漆**にかぶれてしまった。（　　）
24 祖父は**懐**の深い人だった。（　　）
25 無知も**甚**だしい。（　　）
26 鶏が**暁**を告げた。（　　）
27 スランプに**陥**る。（　　）
28 医者に**諭**されてタバコをやめた。（　　）
29 敵を**侮**ってはいけない。（　　）
30 **年端**もいかない少女にたしなめられた。（　　）

3 **熟語の構成**のしかたには次のようなものがある。

各2点　／20

ア　同じような意味の漢字を重ねたもの……………（岩石）
イ　反対または対応の意味を表す字を重ねたもの……（高低）
ウ　上の字が下の字を修飾しているもの………………（洋画）
エ　下の字が上の字の目的語・補語になっているもの…（着席）
オ　上の字が下の字の意味を打ち消しているもの……（非常）

次の熟語は右の**ア～オ**のどれにあたるか、**一つ**選び、**記号**を記せ。

1 叙勲（　　）
2 需給（　　）
3 衆寡（　　）
4 懇談（　　）
5 災禍（　　）
6 興廃（　　）
7 謹慎（　　）
8 収賄（　　）
9 暗礁（　　）
10 享楽（　　）

6日目

4 次の**四字熟語**について、**〔問1〕**と**〔問2〕**に答えよ。

〔問1〕 次の**四字熟語**の（1〜10）にはいる適切な語を後の□の中から選び、**漢字二字**で記せ。

各2点 ／20

ア 和衷（1　　）
イ 泰山（2　　）
ウ （3　　）夢死
エ 綱紀（4　　）
オ 精進（5　　）
カ 百八（6　　）
キ （7　　）果断
ク 合従（8　　）

---

5 次の1〜5の**対義語**、6〜10の**類義語**を後の□の中から選び、**漢字**で記せ。□内の語は一度だけ使うこと。

各2点 ／20

対義語

1 隆起―（　　）
2 反逆―（　　）
3 老巧―（　　）
4 愛護―（　　）
5 賛辞―（　　）

類義語

6 混乱―（　　）
7 永遠―（　　）
8 来歴―（　　）
9 面倒―（　　）
10 湯船―（　　）

ケ 白砂（9　　）

コ 気炎（10　　）

きょうどう・けっさい・しゅくせい・じんそく・すいせい・せいしょう・ばんじょう・ほくと・ぼんのう・れんこう

〔問2〕 次の11～15の**意味**にあてはまるものを**〔問1〕のア～コの四字熟語**から**一つ**選び、**記号**を記せ。

各2点　／10

11 その分野の権威として仰がれる人。（　　）

12 状況次第で付いたり離れたりすること。（　　）

13 飲食や行いを慎しんで身を清めること。（　　）

14 何をなすこともなく一生を終えること。（　　）

15 他を圧するほど勢いがよいこと。（　　）

かんぼつ・ぎゃくたい・きょうじゅん・こくひょう・ちせつ・ふんきゅう・やっかい・ゆいしょ・ゆうきゅう・よくそう

6

次の――線の**カタカナ**を**漢字**に直せ。

各2点　／20

1 **トウキ**に手を出して損失を被る。（　　）

2 商業**トウキ**を申請する。（　　）

3 **カンゲン**よろしきを得る親でありたい。（　　）

4 利益を**カンゲン**する。（　　）

5 **ショウガイ**物競走に駆り出される。（　　）

6 車を購入して**ショウガイ**保険に加入した。（　　）

7 仮説を**ケンショウ**する。（　　）

8 ご**ケンショウ**をお祈りします。（　　）

9 近郊の芋**ホ**りスポットを探す。（　　）

10 仏像の**ホ**り師を訪ねる。（　　）

6日目

7

次の各文にまちがって使われている**同じ読みの漢字**が**一字**ある。**上の（ ）に誤字**を、**下の［ ］に正しい漢字**を記せ。

各2点 ／10

1 義務化が推奨されるマイクロチップは、ペットの迷子時に捜策しやすいという利点がある。（　）［　］

2 球場には遺花台が設置され、突然の訃報に驚きを隠せないファンたちが別れを惜しんだ。（　）［　］

3 開かずの踏切で賓発する渋滞や事故を受けて、各自治体や鉄道会社は解消に動き出した。（　）［　］

4 展覧会を見に行き、そこに展示されていた水墨画や屏風《びょうぶ》絵などに幽弦の美を感じた。（　）［　］

5 新規プロジェクトに誘資したが、頓挫したために、かえって負債を抱えてしまった。（　）［　］

9

次の——線の**カタカナ**を**漢字**に直せ。

各2点 ／50

1 適正な**ショグウ**を求める。（　）

2 板塀を**トソウ**する。（　）

3 カンガルーは**ユウタイルイ**である。（　）

4 上司に**ショウダク**を求める。（　）

5 **コンタン**が見え見えだ。（　）

6 **センセイ**書の様式を入手する。（　）

7 株を**ジョウト**する。（　）

8 兄には器用**ビンボウ**なところがある。（　）

9 彼のしたことは**ジンリン**に背く行為だ。（　）

10 **ギゾウ**された旅券が見つかった。（　）

11 合唱祭でピアノの**バンソウ**をする。（　）

8 次の――線の**カタカナ**を**漢字一字**と**送りがな（ひらがな）**に直せ。

例 ボールを**ナラベル**。（並べる）

各2点 /10

1 意見の**ヘダタリ**を感じた。（　　）

2 世間の**イキドオリ**を買った。（　　）

3 恋に胸を**コガス**。（　　）

4 やむなく前言を**ヒルガエシ**た。（　　）

5 サングラスで陽光を**サエギル**。（　　）

---

12 亀の**コウラ**に触る。（　　）

13 伝票に**オウイン**する。（　　）

14 **ショウコ**りもなくゲームで夜更かしする。（　　）

15 季節を**イツク**しんで日々暮らす。（　　）

16 汗が**シタタ**り落ちる。（　　）

17 実りの秋に**イナホ**が頭《こうべ》を垂れていた。（　　）

18 **マドギワ**の席から校庭を眺めた。（　　）

19 プロジェクトの一翼を**ニナ**う。（　　）

20 バイオリンの音色に**ナグサ**められる。（　　）

21 キラキラと木**モ**れ日が美しかった。（　　）

22 **マボロシ**の鳥の写真を集める。（　　）

23 マグロの**オロシネ**が上昇している。（　　）

24 常識を**クツガエ**す方法をとる。（　　）

25 二人の溝を**ウ**める。（　　）

模擬試験②

解答➡別冊P.15

制限時間 60分

合格点 160/200

得点 /200

1

次の――線の**漢字の読み**を**ひらがな**で記せ。

各1点 /30

1 上司に異動を懇願する。（　）
2 ツバメは四～七月頃に営巣する。（　）
3 きれいな便箋と封筒を買う。（　）
4 渦中の人を訪ねる。（　）
5 春宵のこの一刻を惜しむ。（　）
6 母校に自著を献本する。（　）
7 彼の偏狭な性格にうんざりした。（　）
8 門下には俊傑がそろう。（　）
9 索引をデータベース化する。（　）
10 人知れず出奔する。（　）
11 直前になって翻意する。（　）
12 叔父は寡欲な人だった。（　）

2

次の漢字の**部首**を記せ。

例 開（門）

1 亜（　）
2 且（　）
3 虞（　）
4 磨（　）
5 褒（　）
6 爵（　）
7 亭（　）
8 畝（　）
9 甚（　）
10 賓（　）

各1点 /10

13 **惨禍**を目のあたりにする。（　　）
14 芸の奥義を**会得**したい。（　　）
15 **漸進**的に成功へと向かう。（　　）
16 **逐次**報告を上げる。（　　）
17 **粛々**と任務に就く。（　　）
18 幾度も**施錠**を確かめる。（　　）
19 社運が部長の**双肩**にかかっていた。（　　）
20 どこからか美しい**旋律**が聞こえてきた。（　　）
21 庭の草むしりが**煩**わしい。（　　）
22 悪党の野望を**砕**く。（　　）
23 商店街が**廃**れていく。（　　）
24 **矢面**に立って答弁する。（　　）
25 風**薫**る五月に生まれた。（　　）
26 **弔**いの花をたむける。（　　）
27 それは**泥縄**の措置でしかなかった。（　　）
28 新政府が**産声**を上げた。（　　）
29 **際**どいところで難を逃れた。（　　）
30 **偽**ニュースの拡散が問題になっている。（　　）

---

3 **熟語の構成**のしかたには次のようなものがある。

各2点　／20

ア	同じような意味の漢字を重ねたもの……（岩石）
イ	反対または対応の意味を表す字を重ねたもの……（高低）
ウ	上の字が下の字を修飾しているもの……（洋画）
エ	下の字が上の字の目的語・補語になっているもの……（着席）
オ	上の字が下の字の意味を打ち消しているもの……（非常）

次の熟語は右の**ア～オ**のどれにあたるか、**一つ**選び、**記号**を記せ。

1 懐郷（　　）
2 覇権（　　）
3 還暦（　　）
4 疎密（　　）
5 早晩（　　）
6 長幼（　　）
7 罷免（　　）
8 露顕（　　）
9 浄財（　　）
10 殉教（　　）

4 次の**四字熟語**について、**〔問1〕**と**〔問2〕**に答えよ。

〔問1〕 次の**四字熟語**の（1〜10）にはいる適切な語を後の□の中から選び、**漢字二字**で記せ。

各2点 ／20

ア（1　　）充棟

イ 群雄（2　　）

ウ（3　　）秩序

エ 朝令（4　　）

オ（5　　）末節

カ（6　　）存亡

キ（7　　）烈日

ク 内憂（8　　）

---

5 次の1〜5の**対義語**、6〜10の**類義語**を後の□の中から選び、**漢字**で記せ。□内の語は一度だけ使うこと。

各2点 ／20

対義語

1 下落—（　　）

2 富裕—（　　）

3 慶賀—（　　）

4 粗雑—（　　）

5 純白—（　　）

類義語

6 残念—（　　）

7 他界—（　　）

8 互角—（　　）

9 手柄—（　　）

10 昼寝—（　　）

ケ　快刀（9　　）

コ（10　　）妥当

あんねい・がいかん・かっきょ・かんぎゅう・ききゅう・しゅうそう・しよう・ふへん・ぼかい・らんま

〔問2〕 次の11～15の**意味**にあてはまるものを**〔問1〕のア～コの四字熟語**から**一つ**選び、**記号**を記せ。

各2点　／10

11 こじれたことを鮮やかに決着するさま。（　　）

12 生きるか死ぬかの分かれ目。（　　）

13 刑罰などが極めて厳しいさま。（　　）

14 規則などが頻繁に変わること。（　　）

15 蔵書が非常に多いことのたとえ。（　　）

あいとう・いかん・ごすい・しっこく・しゅくん・せいきょ・ちみつ・とうき・はくちゅう・ひんきゅう

6

次の――線の**カタカナ**を**漢字**に直せ。

各2点　／20

1 議論の**オウシュウ**が続いた。（　　）

2 所持品が**オウシュウ**された。（　　）

3 **ユウシ**以来の大噴火だった。（　　）

4 **ユウシ**による演奏が始まった。（　　）

5 製造の**コウテイ**をチェックする。（　　）

6 現実を**コウテイ**する。（　　）

7 水槽の**モ**の増殖を防ぐ。（　　）

8 初めて**モ**服に袖を通した。（　　）

9 国がもつ**ケンエキ**を主張する。（　　）

10 空港で**ケンエキ**を行う。（　　）

7

次の各文にまちがって使われている**同じ読みの漢字**が**一字**ある。**上の（　）に誤字**を、**下の［　］に正しい漢字**を記せ。

各2点　／10

1　黄熱の流行を受けて、ＷＨＯはブラジルのサンパウロ州をワクチン接種の推承地域とした。（　　）［　　］

2　列島が寒波に襲われ、屋根に積もった雪の重みで空き家が損塊する事故が起きている。（　　）［　　］

3　嗅覚を武器に操査する警察犬が、行方不明の女性を発見し、署長賞を授与された。（　　）［　　］

4　医療と介護がＩＴを苦使して連携し、高齢者の心配のない病後の環境作りに取り組んでいる。（　　）［　　］

5　少子化対策は一刻の融予も許されない課題であり、解決には企業や地域の協力が必要となる。（　　）［　　］

9

次の——線の**カタカナ**を**漢字**に直せ。

各2点　／50

1　プロが**タイコバン**を押す仕上がり。（　　）

2　ご**ソウケン**でなによりです。（　　）

3　その画家は**カブン**にして知らない。（　　）

4　平和条約の**テイケツ**に至る。（　　）

5　基礎**コウジョ**額を計算する。（　　）

6　ジャズの**ミワク**の調べに酔う。（　　）

7　子どもと紙**ネンド**で遊ぶ。（　　）

8　失恋を**ケイキ**にダイエットに励む。（　　）

9　アレルギーの**ショウジョウ**に悩まされる。（　　）

10　乗合船で**チョウカ**を競う。（　　）

11　**カイキ**日食の観測ツアーに参加する。（　　）

8 次の——線の**カタカナ**を**漢字一字**と**送りがな（ひらがな）**に直せ。

各2点　／10

㊟ ボールを**ナラベル**。（並べる）

1 **ウヤウヤシク**お辞儀をする。（　　）

2 暗闇に**マギレ**て身を隠す。（　　）

3 **タメル**なら若木のうち。（　　）

4 糸車で糸を**ツムイ**でみる。（　　）

5 **マカナイ**つきのバイトをする。（　　）

12 話の**ショウテン**を絞る。（　　）

13 **ケッペキ**でつり革につかまれない。（　　）

14 **ウデキ**きの職人に修理を依頼する。（　　）

15 娘が遠方に**トツ**ぐことになった。（　　）

16 **ヨコナグ**りの雨で傘がだめになった。（　　）

17 鉛筆をナイフで**ケズ**る。（　　）

18 準備を**オコタ**らずに試験に臨む。（　　）

19 暑くて喉が**カワ**いた。（　　）

20 シャツの**エリ**の汚れをしっかり落とす。（　　）

21 式典は**トドコオ**りなく閉幕した。（　　）

22 謝恩パーティーを**モヨオ**す。（　　）

23 法案は**タナア**げになった。（　　）

24 売り上げがあまり**カンバ**しくない。（　　）

25 夕涼みに**ホタル**狩りに出かける。（　　）

7日間完成！　漢検2級
書き込み式　直前対策ドリル［改訂版］

初版発行　2022年5月14日
重版発行　2023年
編　　者　株式会社 旺文社
発 行 者　粂川秀樹

発 行 所　株式会社 旺文社
〒162-8680　東京都新宿区横寺町55

印 刷 所　大日本印刷株式会社
製 本 所　大日本印刷株式会社

S3b069
ISBN978-4-01-092465-5

旺文社 お客様総合案内

●内容に関するお問い合わせは、弊社ホームページの「お問い合わせ」フォームにて承ります。
【WEB】旺文社 お問い合わせフォーム　https://www.obunsha.co.jp/support/contact
●乱丁・落丁など製造不良品の交換・ご注文につきましては下記にて承ります。
【電話】0120-326-615（土・日・祝日を除く10：00～17：00）

PP

7日間完成！

漢検2級 直前対策ドリル

改訂版

書き込み式

別冊

もくじ

旺文社

1日目 練習ドリル

読み （→本冊4ページ）

1 けんえき
2 しゅびょう
3 はっぴ
4 そうしつ
5 ちゅうよう
6 へいしゃ
7 ぼんのう
8 へいゆ
9 とくそく
10 しょうほん
11 きょうりりょう
12 こうじん
13 ふんさい
14 しゅくぜん
15 けいぶ
16 は
17 ひるがえ
18 うぶぎ
19 なつ
20 みき
21 あわ
22 たわむ
23 おこ

書き取り （→本冊5ページ）

1 嫌悪
2 余薫
3 楽譜
4 土壇場
5 控訴
6 快諾
7 雄弁
8 礎石
9 拘泥
10 開襟
11 幻想
12 官邸
13 締
14 魂
15 擦
16 棟
17 目利
18 水際
19 塗
20 滑
21 彫
22 悟
23 懇

四字熟語 （→本冊6ページ）

〔問1〕

1 泰然 （泰然自若《たいぜんじじゃく》）
2 酒池 （酒池肉林《しゅちにくりん》）
3 背反 （二律背反《にりつはいはん》）
4 滑脱 （円転滑脱《えんてんかつだつ》）
5 定離 （会者定離《えしゃじょうり》）
6 閑話 （閑話休題《かんわきゅうだい》）
7 壮大 （気宇壮大《きうそうだい》）
8 堅忍 （堅忍不抜《けんにんふばつ》）
9 冬扇 （夏炉冬扇《かろとうせん》）
10 青松 （白砂 青松《はくしゃ(さ)せいしょう》）
11 妙計 （妙計奇策《みょうけいきさく》）
12 高吟 （放歌高吟《ほうかこうぎん》）
13 謹厳 （謹厳実直《きんげんじっちょく》）
14 五裂 （四分五裂《しぶんごれつ》）
15 和衷 （和衷 協同《わちゅうきょうどう》）
16 普遍 （普遍妥当《ふへんだとう》）

〔問2〕

17 ク
18 オ
19 ケ
20 サ
21 エ
22 セ
23 ア

意味 読み12「これ以上ない幸せ」 書き取り2「先人の残した徳」

部首（→本冊7ページ）

1 石（いし）
2 虍（とらがしら・とらかんむり）
3 甘（かん・あまい）
4 衣（ころも）
5 虫（むし）
6 車（くるまへん）
7 凵（うけばこ）
8 歹（かばねへん・いちたへん・がつへん）
9 麻（あさ）
10 艹（くさかんむり）
11 行（ぎょうがまえ・ゆきがまえ）
12 巾（はば）
13 十（じゅう）
14 亠（なべぶた・けいさんかんむり）
15 貝（かい・こがい）
16 口（くち）
17 戸（とだれ・とかんむり）
18 一（いち）
19 廾（こまぬき・にじゅうあし）
20 口（くち）
21 广（まだれ）
22 山（やま）
23 至（いたる）
24 宀（うかんむり）
25 寸（すん）
26 罒（あみがしら・あみめ・よこめ）
27 辰（しんのたつ）
28 日（ひ）
29 尸（かばね・しかばね）
30 𧾷（ひき）
31 自（みずから）
32 口（くち）
33 弓（ゆみ）
34 殳（るまた・ほこづくり）
35 彡（さんづくり）
36 刀（かたな）

対義語・類義語（→本冊8ページ）

1 栽培（自生《じせい》—栽培《さいばい》）
2 秘匿（暴露《ばくろ》—秘匿《ひとく》）
3 暗愚（賢明《けんめい》—暗愚《あんぐ》）
4 謙虚（横柄《おうへい》—謙虚《けんきょ》）
5 恭順（反逆《はんぎゃく》—恭順《きょうじゅん》）
6 寡黙（無口《むくち》—寡黙《かもく》）
7 交渉（折衝《せっしょう》—交渉《こうしょう》）
8 懸念（心配《しんぱい》—懸念《けねん》）
9 厄介（面倒《めんどう》—厄介《やっかい》）
10 慶賀（祝福《しゅくふく》—慶賀《けいが》）
11 陥没（隆起《りゅうき》—陥没《かんぼつ》）
12 諮問（答申《とうしん》—諮問《しもん》）
13 酷寒（炎暑《えんしょ》—酷寒《こっ(こく)かん》）
14 丁寧（粗略《そりゃく》—丁寧《ていねい》）
15 凡庸（偉大《いだい》—凡庸《ぼんよう》）
16 崇拝（軽侮《けいぶ》—崇拝《すうはい》）
17 享楽（禁欲《きんよく》—享楽《きょうらく》）
18 由緒（来歴《らいれき》—由緒《ゆいしょ》）
19 紛糾（混乱《こんらん》—紛糾《ふんきゅう》）
20 左遷（降格《こうかく》—左遷《させん》）
21 邪魔（阻害《そがい》—邪魔《じゃま》）
22 傑出（卓抜《たくばつ》—傑出《けっしゅつ》）
23 厳粛（荘重《そうちょう》—厳粛《げんしゅく》）
24 困窮（貧苦《ひんく》—困窮《こんきゅう》）

誤字訂正（→本冊9ページ）

1 覇→把（把握《はあく》）
2 搾→削（掘削《くっさく》）
3 堂→洞（洞窟《どうくつ》）
4 相→壮（強壮剤《きょうそうざい》）
5 検→顕（顕微鏡《けんびきょう》）
6 採→載（搭載《とうさい》）
7 撤→徹（徹底《てってい》）
8 丙→幣（紙幣《しへい》）
9 差→詐（詐欺《さぎ》）
10 括→渇（枯渇《こかつ》）
11 件→献（貢献《こうけん》）
12 尽→迅（迅速《じんそく》）
13 彰→奨（奨励《しょうれい》）
14 傷→償（賠償《ばいしょう》）

意味 四字熟語7「心構えや発想が大きく立派なこと」 四字熟語15「心を合わせて協力し合うこと」

2日目 練習ドリル

●読み（→本冊10ページ）

1 せつゆ
2 けんじ
3 ほんりゅう
4 たいだ
5 あいびょう
6 そうちょう
7 おでい
8 びょうそう
9 しっき
10 せいちょう
11 あんねい
12 くうばく
13 こかつ
14 えしゃく
15 こうじょ
16 なら
17 つちか
18 あ
19 うれ
20 うずしお
21 いつわ
22 かも
23 せとぎわ

●書き取り（→本冊11ページ）

1 甲羅
2 点滴
3 催促
4 埋蔵
5 普請
6 審議
7 凶刃
8 粗悪
9 遮音
10 漏電
11 削減
12 魅了
13 憂
14 募
15 辛
16 妨
17 戯
18 懲
19 乏
20 覆
21 外面
22 懐
23 読経

●熟語の構成（→本冊12ページ）

1 **ウ**（旋風《せんぷう》。めぐる→風）
2 **ウ**（逓減《ていげん》。しだいに→減る）
3 **オ**（無粋《ぶすい》。「粋でない」と解釈）
4 **オ**（不浄《ふじょう》。「清浄ではない」と解釈）
5 **イ**（慶弔《けいちょう》。祝う⇔弔う）
6 **イ**（早晩《そうばん》。早い⇔遅い）
7 **ア**（核心《かくしん》。どちらも「中心」）
8 **ウ**（公僕《こうぼく》。おおやけの→しもべ）
9 **オ**（未了《みりょう》。「まだ終わっていない」と解釈）
10 **エ**（随意《ずいい》。従う←意に）
11 **イ**（隠顕《いんけん》。隠れる⇔顕《あらわ》れる）
12 **イ**（雅俗《がぞく》。上品⇔下品）
13 **エ**（折衷《せっちゅう》。わけて選ぶ←真ん中を）
14 **ア**（報酬《ほうしゅう》。どちらも「報いる」）
15 **ウ**（旅愁《りょしゅう》。旅の→愁い）
16 **エ**（叙情《じょじょう》。述べ記す←感情を）
17 **イ**（親疎《しんそ》。親しい⇔疎い）
18 **エ**（争覇《そうは》。争う←優勝を）
19 **ウ**（財閥《ざいばつ》。財のある→家柄）
20 **ア**（枢要《すうよう》。どちらも「大切なところ」）
21 **エ**（贈賄《ぞうわい》。贈る←賄賂を）
22 **ア**（享受《きょうじゅ》。どちらも「受けとる」）
23 **ア**（逸脱《いつだつ》。どちらも「それる」）
24 **エ**（諭旨《ゆし》。さとす←趣旨を）
25 **ア**（俊秀《しゅんしゅう》。どちらも「すぐれる」）
26 **ウ**（渉猟《しょうりょう》。あちこちを歩いて→とらえる）

意味 書き取り5「土木工事や、家を建てたり修繕したりすること」

●対義語・類義語（↓本冊13ページ）

1 左遷（栄転《えいてん》―左遷《させん》）
2 飢餓（飽食《ほうしょく》―飢餓《きが》）
3 罷免（任命《にんめい》―罷免《ひめん》）
4 哀悼（祝賀《しゅくが》―哀悼《あいとう》）
5 頑健（虚弱《きょじゃく》―頑健《がんけん》）
6 安寧（平穏《へいおん》―安寧《あんねい》）
7 忍耐（我慢《がまん》―忍耐《にんたい》）
8 窮乏（貧困《ひんこん》―窮乏《きゅうぼう》）
9 遺憾（残念《ざんねん》―遺憾《いかん》）
10 盲点（死角《しかく》―盲点《もうてん》）
11 虐待（愛護《あいご》―虐待《ぎゃくたい》）
12 懲罰（褒賞《ほうしょう》―懲罰《ちょうばつ》）
13 快諾（固辞《こじ》―快諾《かいだく》）
14 一括（分割《ぶんかつ》―一括《いっかつ》）
15 清澄（汚濁《おだく》―清澄《せいちょう》）
16 恥辱（名誉《めいよ》―恥辱《ちじょく》）
17 拙劣（巧妙《こうみょう》―拙劣《せつれつ》）
18 午睡（昼寝《ひるね》―午睡《ごすい》）
19 肯定（是認《ぜにん》―肯定《こうてい》）
20 逐次（順次《じゅんじ》―逐次《ちくじ》）
21 豪傑（猛者《もさ》―豪傑《ごうけつ》）
22 逝去（永眠《えいみん》―逝去《せいきょ》）
23 撲滅（根絶《こんぜつ》―撲滅《ぼくめつ》）
24 潤沢（豊富《ほうふ》―潤沢《じゅんたく》）

●同音・同訓異字（↓本冊14ページ）

1 巨費
2 拒否
3 査証
4 詐称
5 誘拐
6 融解
7 口承
8 高尚
9 添加
10 転嫁
11 首肯
12 趣向
13 一括
14 一喝
15 奔放
16 本邦
17 生涯
18 渉外
19 公邸
20 皇帝
21 均衡
22 近郊
23 障
24 触
25 履
26 掃
27 旨
28 棟

●漢字と送りがな（↓本冊15ページ）

1 更ける
2 侮っ
3 偽る
4 廃れ
5 眺める
6 卑しい
7 繕う
8 潤す
9 渋る
10 疎い
11 憤り
12 懲りる
13 褒める
14 既に
15 賢い
16 緩やかに
17 培う
18 賄う
19 遮る
20 葬る
21 唆し
22 紡い
23 恭しく

3日目 練習ドリル

●読み (↓本冊16ページ)

1 せいか
2 ていげん
3 だっかん
4 へんせん
5 きんけい
6 おかん
7 やくび
8 せったく
9 せんぷう
10 たか
11 そうと
12 そうわ
13 せいがん
14 ぜんぞう
15 かくちく
16 たづな
17 いきどお
18 つらあ
19 はすう
20 たわむ
21 かつ
22 たまわ
23 かたよ

●書き取り (↓本冊17ページ)

1 弁償
2 慈善
3 慰労
4 沈滞
5 転換
6 紛失
7 蛍雪
8 芳香
9 倫理
10 既成
11 休憩
12 重鎮
13 献金
14 挑
15 契
16 衰
17 仰
18 伴
19 炊
20 裸
21 隅
22 愚
23 宵

●熟語の構成 (↓本冊18ページ)

1 **イ**(衆寡《しゅうか》。多数⇕少数)
2 **エ**(懐古《かいこ》。懐かしむ↑昔を)
3 **イ**(禍福《かふく》。わざわい⇕幸福)
4 **オ**(無尽《むじん》。「尽きることがない」と解釈)
5 **ア**(把握《はあく》。どちらも「つかむ」)
6 **エ**(施肥《せ(し)ひ》。与える↑肥料を)
7 **エ**(検疫《けんえき》。検査する↑伝染病を)
8 **イ**(任免《にんめん》。任せる⇕やめさせる)
9 **エ**(出廷《しゅってい》。出る↑法廷に)
10 **イ**(去就《きょしゅう》。去る⇕とどまる)
11 **ア**(疾患《しっかん》。どちらも「病気」)
12 **イ**(功罪《こうざい》。手柄⇕罪)
13 **ウ**(奔流《ほんりゅう》。激しい↓流れ)
14 **ア**(広漠《こうばく》。どちらも「ひろい」)
15 **オ**(不肖《ふしょう》。「(親に)似ていない」と解釈)
16 **オ**(未聞《みもん》。「まだ聞いたことがない」と解釈)
17 **ウ**(懇請《こんせい》。心をこめて↓頼む)
18 **ア**(剰余《じょうよ》。どちらも「あまり」)
19 **ア**(献呈《けんてい》。どちらも「差し上げる」)
20 **エ**(徹底《てってい》。貫き通す↑底まで)
21 **イ**(点滅《てんめつ》。つける⇕消す)
22 **ア**(拙劣《せつれつ》。どちらも「下手」)
23 **オ**(不偏《ふへん》。「偏らない」と解釈)

意味 読み7「嫌なことのあった日」 読み8「自分の家をへりくだっていう語」

24 ウ（脚韻《きゃくいん》。末尾の↓韻）

25 ウ（頻度《ひんど》。繰り返し起こる↓度合）

26 ウ（漆黒《しっこく》。漆を塗ったような↓黒）

四字熟語（→本冊19ページ）

〈問1〉

1 粛正（綱紀粛正《こうきしゅくせい》）

2 即妙（当意即妙《とういそくみょう》）

3 剛健（質実剛健《しつじつごうけん》）

4 迅速（迅速果断《じんそくかだん》）

5 豪傑（英俊豪傑《えいしゅんごうけつ》）

6 乱麻（快刀乱麻《かいとうらんま》）

7 比翼（比翼連理《ひよくれんり》）

8 安寧（安寧秩序《あんねいちつじょ》）

9 堅固（志操堅固《しそうけんご》）

10 隠忍（隠忍自重《いんにんじちょう》）

11 汗牛（汗牛充棟《かんぎゅうじゅうとう》）

12 飽食（暖衣飽食《だんいほうしょく》）

13 会釈（遠慮会釈《えんりょえしゃく》）

14 墨客（文人墨客《ぶんじんぼっかく》）

15 泰山（泰山北斗《たいざんほくと》）

16 必衰（盛者必衰《じょうしゃひっすい》）

〈問2〉

17 ソ

18 コ

19 サ

20 カ

21 キ

22 ア

23 イ

同音・同訓異字（→本冊20ページ）

1 宣誓

2 専制

3 優秀

4 幽囚

5 浅薄

6 船舶

7 渓谷

8 警告

9 披露

10 疲労

11 指紋

12 諮問

13 湖沼

14 故障

15 奔走

16 本葬

17 開墾

18 悔恨

19 渋滞

20 縦隊

21 融資

22 有刺

23 刈

24 駆

25 盛

26 漏

27 重

28 柄

誤字訂正（→本冊21ページ）

1 賓→頻（頻繁《ひんぱん》）

2 従→充（充実《じゅうじつ》）

3 解→壊（破壊《はかい》）

4 徹→撤（撤回《てっかい》）

5 尽→甚（甚大《じんだい》）

6 垂→推（推測《すいそく》）

7 閉→併（合併症《がっぺいしょう》）

8 斜→遮（遮断《しゃだん》）

9 雇→顧（顧客《こきゃく(かく)》）

10 克→酷（酷使《こくし》）

11 績→析（分析《ぶんせき》）

12 禁→緊（緊急《きんきゅう》）

13 提→呈（呈《てい》した）

14 掃→捜（捜索《そうさく》）

注意 四字熟語14「墨客は『ぼっきゃく』とも読む」 16「盛者は『しょうしゃ』『しょうじゃ』とも読む」

4日目 練習ドリル

●読み（→本冊22ページ）

1 ふうそう
2 せしゅ
3 しゅうぶん
4 げどく
5 あっさく
6 もんぴ
7 つうぎょう
8 きゅうめい
9 しゃっかん
10 けんお
11 はんか
12 かんきゃく
13 いっこん
14 しさく
15 ちょうじ
16 うと
17 おとしい
18 く
19 むね
20 よい
21 つつさき
22 みす
23 よそお

●書き取り（→本冊23ページ）

1 均衡
2 由緒
3 負債
4 点滅
5 炎症
6 肝要
7 酵母
8 音頭
9 撤廃
10 光陰
11 喫茶
12 誘致
13 怠
14 誓
15 舌鼓
16 猿芝居
17 粘
18 癖
19 潜
20 憤
21 婿
22 端数
23 足袋

●四字熟語（→本冊24ページ）

〔問1〕

1 無縫（天《てん》衣《い》無《む》縫《ほう》）
2 蛇尾（竜《りゅう》頭《とう》蛇《だ》尾《び》）
3 雲泥（雲《うん》泥《でい》万《ばん》里《り》）
4 煩悩（百《ひゃく》八《はち》煩《ぼん》悩《のう》）
5 外患（内《ない》憂《ゆう》外《がい》患《かん》）
6 眺望（眺《ちょう》望《ぼう》絶《ぜっ》佳《か》）
7 拙速（巧《こう》遅《ち》拙《せっ》速《そく》）
8 忙中（忙《ぼう》中《ちゅう》有《ゆう》閑《かん》）
9 主客（主客《しゅかく(きゃく)》転倒《てんとう》）
10 氷人（月《げっ》下《か》氷《ひょう》人《じん》）
11 割拠（群《ぐん》雄《ゆう》割《かっ》拠《きょ》）
12 秋霜（秋《しゅう》霜《そう》烈《れつ》日《じつ》）
13 唯唯・唯々（唯《い》唯《い》諾《だく》諾《だく》）
14 軽挙（軽《けい》挙《きょ》妄《もう》動《どう》）
15 小心（小《しょう》心《しん》翼《よく》翼《よく》）
16 兼行（昼《ちゅう》夜《や》兼《けん》行《こう》）

〔問2〕

17 ス
18 シ
19 サ
20 ソ
21 イ
22 ウ
23 カ

意味 読み7「ある物事について非常に詳しく知っていること」

●対義語・類義語（→本冊25ページ）

1 酷評（激賞《げきしょう》―酷評《こくひょう》）
2 懐柔（威圧《いあつ》―懐柔《かいじゅう》）
3 普遍（特殊《とくしゅ》―普遍《ふへん》）
4 逸材（凡才《ぼんさい》―逸材《いつざい》）
5 卑近（高遠《こうえん》―卑近《ひきん》）
6 顕著（歴然《れきぜん》―顕著《けんちょ》）
7 浴槽（湯船《ゆぶね》―浴槽《よくそう》）
8 妥協（譲歩《じょうほ》―妥協《だきょう》）
9 披露（公表《こうひょう》―披露《ひろう》）
10 均衡（調和《ちょうわ》―均衡《きんこう》）
11 舶来（国産《こくさん》―舶来《はくらい》）
12 追随（率先《そっせん》―追随《ついずい》）
13 貧窮（富裕《ふゆう》―貧窮《ひんきゅう》）
14 漆黒（純白《じゅんぱく》―漆黒《しっこく》）
15 寡黙（多弁《たべん》―寡黙《かもく》）
16 恒久（暫時《ざんじ》―恒久《こうきゅう》）
17 治癒（発病《はつびょう》―治癒《ちゆ》）
18 辛酸（困苦《こんく》―辛酸《しんさん》）
19 機嫌（気分《きぶん》―機嫌《きげん》）
20 幽閉（監禁《かんきん》―幽閉《ゆうへい》）
21 通暁（熟知《じゅくち》―通暁《つうぎょう》）
22 変遷（推移《すいい》―変遷《へんせん》）
23 報酬（対価《たいか》―報酬《ほうしゅう》）
24 罷免（解雇《かいこ》―罷免《ひめん》）

●同音・同訓異字（→本冊26ページ）

1 吹奏
2 水槽
3 症例
4 奨励
5 覇権
6 派遣
7 傘下
8 惨禍
9 浄財
10 錠剤
11 更迭
12 鋼鉄
13 騰貴
14 陶器
15 応酬
16 欧州
17 官邸
18 鑑定
19 壮烈
20 葬列
21 扶養
22 浮揚
23 穂
24 帆
25 凝
26 懲
27 酢
28 巣

●漢字と送りがな（→本冊27ページ）

1 甚だしい
2 紛れ
3 翻す
4 焦がし
5 隔て
6 企てる
7 忍ん
8 酸っぱい
9 凝らす
10 瞬い
11 統べる
12 脅し
13 拒む
14 惜しま
15 揺すっ
16 陥れる
17 諭す
18 懐かしい
19 矯める
20 慌てる
21 秀でる
22 漂っ
23 漬ける

意味 四字熟語10「男女の仲をとりもつ人」 四字熟語16「昼夜の区別なく仕事をすること」

5日目 練習ドリル

●書き取り（↓本冊28ページ）

1 押収
2 布施
3 完遂
4 種苗
5 卓越
6 浪費
7 水泡
8 虚勢
9 諭旨
10 融通
11 鉄扉
12 擁護
13 短絡
14 渇望
15 拘禁
16 懐柔
17 勘弁
18 返還
19 待遇
20 壮烈
21 渓流
22 懸案
23 緊密
24 交渉
25 窮地
26 浅瀬
27 産毛
28 釣
29 網棚
30 担
31 殴
32 鶏
33 慌
34 挟
35 醸
36 惨
37 竜巻
38 慕
39 緒
40 汁粉
41 神楽
42 偽
43 渋
44 卸
45 揺
46 縫
47 譲
48 焦
49 悔

●読み（↓本冊30ページ）

1 しょうたく
2 きゅうよ
3 しゅんさい
4 はいおく
5 ひけん
6 ほうしょう
7 さんいつ
8 えっけん
9 けんあん
10 ひおう
11 ぜっか
12 くんとう
13 ろてい
14 しょうそう
15 ちょうか
16 そそのか
17 わずら
18 しず
19 つむ
20 こ
21 ねんご
22 いろど
23 やわ

●部首（↓本冊31ページ）

1 穴（あなかんむり）

意味 書き取り9 諭旨解雇「懲戒解雇より処分を若干軽減した両者合意のうえの解雇のこと」

2 斉（せい）
3 手（て）
4 衣（ころも）
5 竜（りゅう）
6 又（また）
7 火（ひへん）
8 亠（なべぶた・けいさんかんむり）
9 彳（ぎょうにんべん）
10 廴（えんにょう）
11 隶（れいづくり）
12 田（た）
13 氺（したみず）
14 耒（すきへん・らいすき）
15 力（ちから）
16 丶（てん）
17 方（ほうへん・かたへん）
18 木（き）
19 大（だい）
20 欠（あくび・かける）
21 缶（ほとぎ）
22 音（おと）
23 口（くち）
24 囗（くにがまえ）
25 門（もんがまえ）
26 宀（うかんむり）
27 爫（つめかんむり・つめがしら）
28 二（に）
29 瓦（かわら）
30 糸（いと）
31 犬（いぬ）
32 ⺗（したごころ）
33 女（おんな）
34 口（くち）
35 一（いち）
36 虍（とらがしら・とらかんむり）

●熟語の構成（↓本冊32ページ）

1 **ウ**（謹呈《きんてい》。謹んで↓差し上げる）
2 **イ**（存廃《そんぱい》。存続⇕廃止）
3 **エ**（罷業《ひぎょう》。やめる↑業務を）
4 **ア**（媒介《ばいかい》。どちらも「間でとりもつ」の意）
5 **イ**（抑揚《よくよう》。下げる⇕上げる）
6 **ア**（擬似《ぎじ》。どちらも「まねる」の意）
7 **エ**（忍苦《にんく》。耐える↑苦しみを）
8 **イ**（繁閑《はんかん》。忙しい⇕ひま）
9 **イ**（経緯《けいい》。縦の糸⇕横の糸）
10 **イ**（寛厳《かんげん》。ゆるやか⇕厳しい）
11 **ア**（扶助《ふじょ》。どちらも「助ける」の意）
12 **ウ**（妄《もう（ぼう）》想《そう》。むやみに↓想う）
13 **ウ**（頒価《はんか》。配るときの↓値段）
14 **ウ**（併記《へいき》。併せて↓記す）
15 **ア**（疲弊《ひへい》。どちらも「疲れる」の意）
16 **ウ**（環礁《かんしょう》。環状の↓サンゴ礁）
17 **イ**（往還《おうかん》。行く⇕帰る）
18 **ア**（弾劾《だんがい》。どちらも「罪を問う」の意）
19 **オ**（未遂《みすい》。「まだ成し遂げていない」と解釈）
20 **イ**（贈答《ぞうとう》。与える⇕返す）
21 **ウ**（貴賓《きひん》。貴い↓客人）
22 **エ**（殉難《じゅんなん》。命をなげうつ↑災難に）
23 **エ**（上棟《じょうとう》。上げる↑棟木を）
24 **オ**（無窮《むきゅう》。「果てがない」と解釈）
25 **エ**（宣誓《せんせい》。述べる↑誓いを）
26 **ウ**（銃創《じゅうそう》。銃弾の↓傷）

●四字熟語（↓本冊33ページ）

〔問1〕
1 枝葉（枝葉末節《しようまっせつ》）
2 篤実（温厚篤実《おんこうとくじつ》）
3 外親（内疎外親《ないそがいしん》）
4 潔斎（精進潔斎《しょうじんけっさい》）
5 扇動（教唆扇動《きょうさせんどう》）
6 破邪（破邪顕正《はじゃけんしょう（せい）》）

7 傍若（傍若無人《ぼうじゃくぶじん》）

8 多岐（多岐亡羊《たきぼうよう》）

9 三斗（冷汗三斗《れいかんさんと》）

10 管弦（詩歌管弦《しいかかんげん》）

11 卓説（高論卓説《こうろんたくせつ》）

12 連衡（合従連衡《がっしょうれんこう》）

13 万緑（万緑一紅《ばんりょくいっこう》）

14 貫徹（初志貫徹《しょしかんてつ》）

15 落日（孤城落日《こじょうらくじつ》）

16 不党（不偏不党《ふへんふとう》）

〈問2〉

17 シ

18 エ

19 オ

20 タ

21 キ

22 ク

23 ス

●対義語・類義語（→本冊34ページ）

1 一斉（個別《こべつ》―一斉《いっせい》）

2 陳腐（新奇《しんき》―陳腐《ちんぷ》）

3 寛容（厳格《げんかく》―寛容《かんよう》）

4 撤退（進出《しんしゅつ》―撤退《てったい》）

5 妥結（決裂《けつれつ》―妥結《だけつ》）

6 抄録（抜粋《ばっすい》―抄録《しょうろく》）

7 邸宅（屋敷《やしき》―邸宅《ていたく》）

8 懲戒（処罰《しょばつ》―懲戒《ちょうかい》）

9 伯仲（互角《ごかく》―伯仲《はくちゅう》）

10 謀反（反逆《はんぎゃく》―謀反《むほん》）

11 喪失（獲得《かくとく》―喪失《そうしつ》）

12 中枢（末端《まったん》―中枢《ちゅうすう》）

13 擁護（侵害《しんがい》―擁護《ようご》）

14 充足（欠乏《けつぼう》―充足《じゅうそく》）

15 秩序（混乱《こんらん》―秩序《ちつじょ》）

16 堕落（更生《こうせい》―堕落《だらく》）

17 分析（総合《そうごう》―分析《ぶんせき》）

18 悠久（永遠《えいえん》―悠久《ゆうきゅう》）

19 敢闘（奮戦《ふんせん》―敢闘《かんとう》）

20 割愛（省略《しょうりゃく》―割愛《かつあい》）

21 憤慨（激怒《げきど》―憤慨《ふんがい》）

22 勘弁（堪忍《かんにん》―勘弁《かんべん》）

23 威嚇（脅迫《きょうはく》―威嚇《いかく》）

24 唐突（不意《ふい》―唐突《とうとつ》）

●誤字訂正（→本冊35ページ）

1 誘→融（金融《きんゆう》）

2 錯→索（模索《もさく》）

3 媒→培（栽培《さいばい》）

4 被→披（披露《ひろう》）

5 切→窃（窃盗《せっとう》）

6 液→疫（免疫《めんえき》）

7 謙→献（貢献《こうけん》）

8 詔→訟（訴訟《そしょう》）

9 排→廃（廃絶《はいぜつ》）

10 醸→浄（浄化《じょうか》）

11 謄→騰（高騰《こうとう》）

12 譲→壌（土壌《どじょう》）

13 嘱→殖（繁殖《はんしょく》）

14 看→緩（緩和《かんわ》）

6日目 模擬試験①

❶ 読み（→本冊36ページ）

1 だみん
2 ほうび
3 しゅういつ
4 せいそう
5 ぼうしょく
6 ごうそう
7 とくれい
8 させん
9 ゆちゃく
10 しょうかん
11 かつぼう
12 あくへい
13 しっかん
14 けんじ
15 きょうしゅう
16 くうそ
17 かくじゅう
18 はんかん
19 しはい
20 こうきょう
21 みにく
22 きわ
23 うるし
24 ふところ
25 はなは
26 あかつき
27 おちい
28 さと
29 あなど
30 としは

❷ 部首（→本冊36ページ）

1 十（じゅう）
2 宀（うかんむり）
3 瓦（かわら）
4 木（き）
5 口（くち）
6 穴（あなかんむり）
7 女（おんな）
8 大（だい）
9 一（いち）
10 戸（とだれ・とかんむり）

❸ 熟語の構成（→本冊37ページ）

1 **エ**（叙勲《じょくん》。与える↑勲章を）
2 **イ**（需給《じゅきゅう》。需要⇕供給）
3 **イ**（衆寡《しゅうか》。多数⇕少数）
4 **ウ**（懇談《こんだん》。うちとけて↓話し合う）
5 **ア**（災禍《さいか》。どちらも「悪いできごと」の意）
6 **イ**（興廃《こうはい》。栄える⇕衰える）
7 **ア**（謹慎《きんしん》。どちらも「つつしむ」の意）
8 **エ**（収賄《しゅうわい》。受け取る↑賄賂を）
9 **ウ**（暗礁《あんしょう》。見えない↓水の中の岩）
10 **エ**（享楽《きょうらく》。味わう↑快楽を）

❹ 四字熟語（→本冊38ページ）

〈問1〉

1 協同（和衷《わちゅう》 協同《きょうどう》）
2 北斗（泰山北斗《たいざんほくと》）
3 酔生（酔生夢死《すいせいむし》）
4 粛正（綱紀《こうき》 粛正《しゅくせい》）
5 潔斎（精進潔斎《しょうじんけっさい》）
6 煩悩（百八煩悩《ひゃくはちぼんのう》）
7 迅速（迅速果断《じんそくかだん》）
8 連衡（合従《がっしょう》 連衡《れんこう》）
9 青松（白砂《はくしゃ(さ)》 青松《せいしょう》）
10 万丈（気炎万丈《きえんばんじょう》）

〈問2〉

11 **イ**
12 **ク**
13 **オ**
14 **ウ**
15 **コ**

意味 読み19「天皇や皇族の名義で競技などの勝者に与える優勝杯」

❺ 対義語・類義語 （↓本冊38ページ）

1 陥没（隆起《りゅうき》―陥没《かんぼつ》）
2 恭順（反逆《はんぎゃく》―恭順《きょうじゅん》）
3 稚拙（老巧《ろうこう》―稚拙《ちせつ》）
4 虐待（愛護《あいご》―虐待《ぎゃくたい》）
5 酷評（賛辞《さんじ》―酷評《こくひょう》）
6 紛糾（混乱《こんらん》―紛糾《ふんきゅう》）
7 悠久（永遠《えいえん》―悠久《ゆうきゅう》）
8 由緒（来歴《らいれき》―由緒《ゆいしょ》）
9 厄介（面倒《めんどう》―厄介《やっかい》）
10 浴槽（湯船《ゆぶね》―浴槽《よくそう》）

❻ 同音・同訓異字 （↓本冊39ページ）

1 投機
2 登記
3 寛厳
4 還元
5 障害
6 傷害
7 検証
8 健勝
9 掘
10 彫

❼ 誤字訂正 （↓本冊40ページ）

1 策↓索（捜索《そうさく》）
2 遣↓献（献花《けんか》）
3 賓↓頻（頻発《ひんぱつ》）
4 弦↓玄（幽玄《ゆうげん》）
5 誘↓融（融資《ゆうし》）

❽ 漢字と送りがな （↓本冊41ページ）

1 隔たり
2 憤り
3 焦がす
4 翻し
5 遮る

❾ 書き取り （↓本冊40ページ）

1 処遇
2 塗装
3 有袋類
4 承諾
5 魂胆
6 宣誓
7 譲渡
8 貧乏
9 人倫
10 偽造
11 伴奏
12 甲羅
13 押印
14 性懲
15 慈
16 滴
17 稲穂
18 窓際
19 担
20 慰
21 漏
22 幻
23 卸値
24 覆
25 埋

意味　書き取り9「人と人との間柄。また、その秩序関係」

7日目 模擬試験②

❶ 読み（→本冊42ページ）

1 こんがん
2 えいそう
3 ふうとう
4 かちゅう
5 しゅんしょう
6 けんぽん
7 へんきょう
8 しゅんけつ
9 さくいん
10 しゅっぽん
11 ほんい
12 かよく
13 さんか
14 えとく
15 ぜんしん
16 ちくじ
17 しゅくしゅく
18 せじょう
19 そうけん
20 せんりつ
21 わずら
22 くだ
23 すた
24 やおもて
25 かお
26 とむら
27 どろなわ
28 うぶごえ
29 きわ
30 にせ

❷ 部首（→本冊42ページ）

1 二（に）
2 一（いち）
3 虍（とらがしら・とらかんむり）
4 石（いし）
5 衣（ころも）
6 罒（つめかんむり・つめがしら）
7 亠（なべぶた・けいさんかんむり）
8 田（た）
9 甘（かん・あまい）
10 貝（かい・こがい）

❸ 熟語の構成（→本冊43ページ）

1 **エ**（懐郷《かいきょう》。懐かしむ↑故郷を）
2 **ウ**（覇権《はけん》。覇者の↓権力）
3 **エ**（還暦《かんれき》。元に戻る↑こよみが）
4 **イ**（疎密《そみつ》。粗い⇕細かい）
5 **イ**（早晩《そうばん》。早い⇕遅い）
6 **イ**（長幼《ちょうよう》。年長者⇕年少者）
7 **ア**（罷免《ひめん》。どちらも「やめる」の意）
8 **ア**（露顕《ろけん》。どちらも「あらわれる」の意）
9 **ウ**（浄財《じょうざい》。汚れのない↓お金）
10 **エ**（殉教《じゅんきょう》。命を投げ出す↑宗教に）

❹ 四字熟語（→本冊44ページ）

〔問1〕
1 汗牛（汗牛充棟《かんぎゅうじゅうとう》）
2 割拠（群雄割拠《ぐんゆうかっきょ》）
3 安寧（安寧秩序《あんねいちつじょ》）
4 暮改（朝令暮改《ちょうれいぼかい》）
5 枝葉（枝葉末節《しようまっせつ》）
6 危急（危急存亡《ききゅうそんぼう》）
7 秋霜（秋霜烈日《しゅうそうれつじつ》）
8 外患（内憂外患《ないゆうがいかん》）
9 乱麻（快刀乱麻《かいとうらんま》）
10 普遍（普遍妥当《ふへんだとう》）

〔問2〕
11 **ケ**
12 **カ**
13 **キ**

意味 読み11「一度した決意を変えること」 熟語の構成3「数え年六十一歳のこと」

14 エ
15 ア

❺ 対義語・類義語（→本冊44ページ）

1 騰貴（下落《げらく》―騰貴《とうき》）
2 貧窮（富裕《ふゆう》―貧窮《ひんきゅう》）
3 哀悼（慶賀《けいが》―哀悼《あいとう》）
4 緻密（粗雑《そざつ》―緻密《ちみつ》）
5 漆黒（純白《じゅんぱく》―漆黒《しっこく》）
6 遺憾（残念《ざんねん》―遺憾《いかん》）
7 逝去（他界《たかい》―逝去《せいきょ》）
8 伯仲（互角《ごかく》―伯仲《はくちゅう》）
9 殊勲（手柄《てがら》―殊勲《しゅくん》）
10 午睡（昼寝《ひるね》―午睡《ごすい》）

❻ 同音・同訓異字（→本冊45ページ）

1 応酬
2 押収
3 有史
4 有志
5 工程
6 肯定
7 藻
8 喪
9 権益
10 検疫

❼ 誤字訂正（→本冊46ページ）

1 承→奨（推奨《すいしょう》）
2 塊→壊（損壊《そんかい》）
3 操→捜（捜査《そうさ》）
4 苦→駆（駆使《くし》）
5 融→猶（猶予《ゆうよ》）

❽ 漢字と送りがな（→本冊47ページ）

1 恭しく
2 紛れ
3 矯める
4 紡い
5 賄い

❾ 書き取り（→本冊46ページ）

1 太鼓判
2 壮健
3 寡聞
4 締結
5 控除
6 魅惑
7 粘土
8 契機
9 症状
10 釣果
11 皆既
12 焦点
13 潔癖
14 腕利
15 嫁
16 横殴
17 削
18 怠
19 渇
20 襟
21 滞
22 催
23 棚上
24 芳
25 蛍